ms

It matters not how strait the gate,
    How charged with punishments the scroll,
I am the master of my fate:
    I am the captain of my soul.

W. E. Henley (1849–1903), *Invictus*

Invictus – Unbesiegt

Karl Heinrich Ulrichs zum 200. Geburtstag

Mit Beiträgen von

Jens Dobler
Kevin Junk
Rüdiger Lautmann
Douglas Pretsell
Axel Schock
Heinz Voß

Im Anhang:
Magnus Hirschfeld: Sappho und Sokrates

Männerschwarm Verlag

Bibliothek rosa Winkel
Begründet von Wolfram Setz (†)
Band 84

Covergestaltung:
Carsten Kudlik (Bremen)

Salzgeber Buchverlage GmbH
Wilhelmine-Gemberg-Weg 6 – Haus K, 10179 Berlin, Germany
Herstellung: CPI Clausen und Bosse, Leck
Printed in Germany
ISSN 0940-6247
ISBN 978-3-86300-084-4
www.salzgeber-buchverlage.de
info@salzgeber-buchverlage.de

Inhalt

Vorwort

Karl Heinrich Ulrichs, 1825 bei Aurich geboren, 1895 in Aquila gestorben, fand als einer der ersten Menschen den Mut, die Liebe zum eigenen Geschlecht als natürliches Phänomen zu betrachten – nicht als Sünde, nicht als Verbrechen und nicht als Krankheit. Die Bibliothek rosa Winkel und ihr Herausgeber Wolfram Setz haben mit zahlreichen Veröffentlichungen alles getan, um die Erinnerung an diesen Ausnahmemenschen wach zu halten, dessen Werk sich auch heute noch zu lesen lohnt. Insofern war es selbstverständlich, den 200. Geburtstag Ulrichs' zum Anlass für einen erneuten Blick auf Leben und Werk zu nehmen. Herausgeber Wolfram Setz ist vor Fertigstellung des Bandes 2023 im Alter von 84 Jahren verstorben. Die Planung dieses Sammelbands zählt zu seinen letzten Buchprojekten. Wir danken den Autoren der hier versammelten Beiträge, dass der Band trotzdem erscheinen konnte.

Was ist 130 Jahre nach Ulrichs' Tod Neues über ihn zu sagen? Die Frage drängt sich auf, aber die Antwort lautet überraschender Weise: ein Menge! Ulrichs' Verehrung als Ahn der homosexuellen Emanzipationsbewegung und wohl auch seine eigenwillige Terminologie hatten bisher den Blick auf seine wissenschaftlichen Leistungen verstellt, mit denen sich nun zwei Beiträge dieses Bands befassen. Erstmals sucht ein Vertreter der Queer Theory nach Anschlüssen zu Ulrichs', findet sie jedoch eher in seinem politischen Engagement als seinem Theoriegebäude. Ein Artikel zu Ulrichs' Seidenraupenzucht zeigt eine bisher unbekannte Facette seiner Persönlichkeit, und zwei Beiträge zur Nachwirkung im Alltag runden den Band ab.

Ein Jahr nach Ulrichs' Tod veröffentlichte ein gewisser »Th. Ramien, Arzt in Berlin« ein Heft mit dem Titel »Sappho und Sokrates«. Unter diesem Pseudonym schrieb Magnus Hirschfeld seine erste Stellungnahme zur gleichgeschlechtlichen Liebe der Männer und Frauen. Wir fügen diesen heute in keiner Verlagsausgabe erhältlichen Text im Anhang bei – man könnte sagen: als »Cliffhänger«, der in die Zukunft der Sexualforschung weist, aber auch als recht ernüchterndes Dokument dafür, wie weit Ulrichs seiner Zeit voraus gewesen war. Der Stolz des Unbesiegten ging verloren und wurde erst in der Schwulenbewegung der 1970er Jahre neu belebt.

J.B.

Zur Zitierweise: Die 12 Broschüren der »Forschungen« werden in diesem Band einheitlich nach römischer Ordnungszahl, Titel und Seitenzahl zitiert.

Rüdiger Lautmann

Karl Heinrich Ulrichs als Forscher im Diskurs seiner Zeit und in der Nachwirkung

Bis zur Mitte des 19. Jahrhunderts konnte das gleichgeschlechtliche Begehren noch kein Gegenstand seriöser Forschung sein, weil es allein als ›Sünde‹ und ›gegen die Natur‹ gesehen wurde. Eine Revision dieses Ausschlusses war keine Sache von ›gutem Willen‹ oder ›Humanität‹ – beide gab es ja durchaus, damals wie heute. Vielmehr waren es die Denkverhältnisse, die jene Forschungsfrage nicht zuließen, erschien diese doch, im damaligen Verstande, als völlig sinnlos. Noch die fortschrittlichsten Köpfe waren voll damit beschäftigt, die Naturordnung zu erfassen: Charles Darwin hatte alle Lebewesen als Produkt einer Entwicklung begriffen, vorangetrieben von den zahllosen Akten der Fortpflanzung. In den 1840er Jahren entwarf er seine Theorie der natürlichen Selektion, 1871 kam seine These zur sexuellen Selektion hinzu. Im Deutungsrahmen der Evolution fand eine ›unfruchtbare‹ Sexualität keinen angemessenen Platz. (Erst hundert Jahre später wurden wackelige Hilfshypothesen aufgestellt, um die Gleichgeschlechtlichkeit in der Evolutionstheorie unterzubringen.) Die Auseinandersetzungen zwischen religiösen und wissenschaftlichen Denkstilen dauern bis heute an.

Karl Heinrich Ulrichs überwand diese Barrieren und brach aus dem Denkgefängnis aus. Seine Studien sind als *Forschung* zu charakterisieren, weil sie ein Thema haben, welches in einem theoretischen Rahmen und mit nachvollziehbaren Methoden behandelt wird. Thematisch untersucht

Ulrichs die erotische Anziehung zwischen Menschen desselben Geschlechts, theoretisch bezieht er sich auf die Differenzierung der Geschlechtscharaktere, und methodisch arbeitet er dabei mit empirischem Material aus Lebensläufen und aus der Naturgeschichte. Mit einer solchen Fokussierung fallen seine Forschungstexte auch nach heutigen Standards in den Bereich der Sexualwissenschaft, wobei noch die ganz anders geartete Wissenschaftspraxis der 1860er Jahre zu berücksichtigen ist – eine Epoche, in der es noch keine empirische Psychologie und Sozialforschung gab.

Forschen bedeutet, Wissen zu generieren. Der Begriff ist weiter als *Wissenschaft*, der auf Ulrichs' Erkenntnisanliegen nicht so gut passt. Er war von der Ausbildung her Jurist, hat auch so gearbeitet, bevor ein faktisches Berufsverbot ihn aus dieser Laufbahn warf. Danach wurde er Publizist und ist dies bis zu seinem Lebensende auch geblieben (zuletzt mit seiner Zeitschrift über die lateinische Sprache). Die Buchreihe, der er heute seinen Ruhm verdankt, nannte er im Untertitel ›Forschungen über das Räthsel der mannmännlichen Liebe‹ – und das mit vollem Recht.

Der Autor der Studien verfügte über keinen Doktortitel und keine akademische Anbindung. Das schließt nicht aus, ihn im Bereich einer der Einzelwissenschaften zu verorten. Auch heute werden viele Bücher, die wesentliche Erkenntnisfortschritte enthalten, als Qualifikationsarbeiten geschrieben – bevor ein Doktorat oder eine Hochschulposition erlangt worden ist. Wenn Ulrichs' Publikationen als bloßes ›Betroffenenmaterial‹ entwertet worden sind,[1] dann

1) Die Psychiater seiner Zeit begegneten Ulrichs mit deutlichen Vorbehalten. Carl Westphal (1870) munkelte »über den Gemütszustand des Numa Numantius«; darüber könne »schicklicherweise

hat das nicht mit deren vermeintlicher Unwissenschaftlichkeit zu tun, sondern mit dem religiösen, moralischen und strafrechtlichen Verbotensein des Forschungsthemas. Die gleichgeschlechtliche Körperintimität war seit etwa dem vierten Jahrhundert n. Chr. in Europa schwerst stigmatisiert. Über sie konnte nicht gesprochen werden, wie es noch im preußischen Allgemeinen Landrecht von 1794 hieß. Ulrichs stieß mit seiner Themensetzung eine Türe zu neuem Wissen auf, was allein schon als Erkenntnisleistung eigener Art gewürdigt werden muss.

War Ulrichs als Jurist denn überhaupt qualifiziert, über sexuelle Phänomene zu forschen? Etwas überraschend ist das klar zu bejahen – für die damalige Zeit. Und zwar nicht nur, weil er sich auch in Theologie, Philosophie und Naturwissenschaften ausgebildet hatte, was damals an der Universität noch möglich war. Ulrichs las und zitierte die medizinische und philosophische Literatur zu seinen Themen. Immer wieder bezog er sich – affirmativ, ablehnend oder modifizierend – auf diese Quellen.[1] Das Sexuelle war erst um

hier ein Urteil nicht gefällt werden und mag es der Leser seiner Schrift selber bilden«. Damit schien der Experte den Mann zum ›Fall‹ zu stempeln. Denunzierend klang auch, wie Richard von Krafft-Ebing über ihn sprach: »ein gewisser Assessor Ulrichs, mit diesem Trieb behaftet«, verlange »nichts Geringeres als die Anerkennung der urnischen Geschlechtsliebe als einer angeborenen und damit berechtigten«, bleibe aber den Beweis dafür schuldig (Krafft-Ebing 1877:305 f.). Ulrichs wird auch heute noch diesseits der Trennlinie zwischen Betroffenheits- und Wissenschaftsliteratur eingeordnet, sogar ›im eigenen Haus‹ (etwa von Melanie Steffens u.a. 2006:13).

1) Siehe beispielsweise den Brief an seinen Onkel v. 23.12.1862, in: Ulrichs 1994:64-70

1800 vor das Visier der Wissenschaft gekommen. Bis dahin hatten sich vor allem die Moraltheologie und das Strafrecht damit befasst, mit der einzigen Erkenntnis eines normativen Verdammtseins. Was gegen die ›Natur‹ oder die ›Schöpfungsordnung‹ verstieß, war eine Sünde oder ein Verbrechen bzw. beides. Vor der Masturbation warnte die Pädagogik. Für die Erforschung der näheren Umstände der Mann-mit-Mann-Intimität blieb im frühen 19. Jahrhundert der Strafbetrieb der wichtigste Auftraggeber. Gerichtsgutachter mussten für eine zunehmende Zahl von Strafprozessen Belege für den tatsächlichen Vollzug der unzüchtigen Handlung beibringen, obwohl meist weder ein Geständnis noch eine Zeugenaussage vorlag. Die Medizin, in den Prozessen zur Begutachtung hinzugezogen, war erst dabei, hier ein neues Feld für Diagnose und Therapie zu entdecken. In den 1860er Jahren konnte Ulrichs also darüber schreiben, ohne dass man ihn als formal unzuständig hätte ausschließen dürfen.

Lange Zeit ist versucht worden, Ulrichs' Überlegungen den Status einer ›wissenschaftlichen Theorie‹ zu verweigern und sie zu einem lediglich ›strategischen Wissen‹ herabzustufen. Das könnte berechtigt sein, wenn die Thesen allein zu einem politischen Zweck aufgestellt worden wären. Beeinflusst von Vorausurteilen und in einer oberflächlich-kursorischen Betrachtung der Ulrichs-Schriften mochte ein solcher Eindruck sogar aufkommen. Jede Lektüre der Originaltexte zerstreut ihn aber sofort; die intensive Suche nach geeigneten Begrifflichkeiten und plausiblen Kausalitäten, die stetige Fortentwicklung der Konzepte und Annahmen zeigt, dass der Autor auf Wahrheitssuche war und sich nirgends auf werbende Sprüche beschränkte.

Karl Heinrich Ulrichs als Forscher

Ulrichs untersuchte Wesen, Genese und Erscheinungsformen der – in der Sprache des 20. Jahrhunderts – Homosexualität. Seine Thesen hierzu stifteten einen wissenschaftlichen Diskurs, innerhalb dessen sie bis heute relevant geblieben sind. In diesem Aufsatz hier werden die Aussagen von Ulrichs nicht erneut wiedergegeben; denn das ist schon oft geschehen. Ich möchte nur einige Kostproben präsentieren, um die Vorgehensweise und Leistung des Forschers zu charakterisieren.

Er widmete sich dem, wie er es nannte, »Uranismus«, d.h. der »mannmännlichen Liebe«. Da mit der Benennung eines Themas auch über die Richtung der Erkenntnissuche vorentschieden wird, war es bereits eine Leistung, wie Ulrichs das von ihm studierte Phänomen bezeichnete. Er schuf wertneutrale Konzepte, vielleicht sogar »einen positiv besetzten Begriff, keine Negativbeschreibung mit strafrechtlichem oder beleidigendem Charakter wie Sodomit, Päderast usw.«, um sein Thema in der Naturforschung zu platzieren (Domeier 2015:291).

Anfänglich war Ulrichs noch von einem »passiven animalischen Magnetismus« als Mechanismus der gleichgeschlechtlichen Anziehung ausgegangen und erörterte das in seinen Schriften (Kennedy 1994:13; Kennedy 2001:81 f.). Bald revidierte er den mechanistischen Denkansatz und suchte nach einem komplexen Modell aus organischer Anlage und Persönlichkeitsstruktur. Gleichgeschlechtliche Akte konnten zwar bei jedem Menschen vorkommen (›Sodomie‹ im alten Sinne), aber bei einigen markierten sie einen bestimmten Menschentypus (›Urning‹). Mit dieser Idee kam die Sexualwissenschaft in Gang.

Eine weitere Absage an den kruden Biologismus lieferte Ulrichs, als er die Richtung des Geschlechtstriebs von der äußeren Gestalt der Organe, d.h. der ›primären Geschlechtsmerkmale‹, löste. Bis heute meint ja der Volksglaube, allein schon die Beschaffenheit von Penis und Vagina beweise, dass sie füreinander bestimmt seien. Zur Widerlegung genügte bereits die Differenz zwischen Körper und Seele. Am Genital zeigt sich bloß die sexuelle Erregung, generiert wird sie aber mental. Doch wie kam die gleichgeschlechtliche Begehrensrichtung zustande? Hier stehen alle Behauptungen zum Angeborensein vor einem bis heute ungelösten Problem. Ulrichs bot Antworten an und entwarf auf dem damaligen Forschungsstand eine Theorie der embryonalen Entwicklung. Letztlich sah er sich dazu genötigt, das Axiom der Binarität aufzugeben. Die gleichgeschlechtlichen Körpermänner bilden ein »drittes Geschlecht« (Ulrichs I: Vindex S.5), und lesbische Frauen würden ein »viertes« bilden. Vieles davon beruht auf einem elaborierten Begriffsgerüst und auf Annahmen über die kausalen Abläufe. Das Nominale und Spekulative führte zu einem problematischen Erkenntniswert, den Ulrichs mit allen professionellen Wissenschaftlern bis weit in das 20. Jahrhundert hinein teilte.

Der Grundeinfall zur Gleichgeschlechtlichkeit postulierte, wie weidlich bekannt, eine weibliche Seele im männlichen Körper bzw. umgekehrt eine männliche Seele im weiblichen Körper. Hinzukamen Axiome wie dasjenige zur Liebe (die prinzipiell weiblich sei). Immer ist es ›die Natur‹, die alles bestimmt. Eine Leseprobe:

> Das von der primären Natur ihr überkommene Zwittergeschöpf trägt nun aber in sich auch eines *geistigen* Lebens schlummernde Keime, namentlich: a.

> eines Verstandes, b. eines Gemütslebens (eines Charakters) und auch c. einer Geschlechtsliebe, eines Liebestriebes. [...] Hieraus scheint mir aber mein Satz zu folgen: *in jedem primären Embryo schlummere der Zwitterkeim eines geistigen Geschlechtsorganismus*, d. i. ein solcher Keim des geistigen Geschlechtsorganismus, welcher zugleich männlicher und weiblicher Entwickelung fähig ist. Insonderheit scheint mir daraus noch zu folgen: der Keim des *Liebestriebes* sei ein *Zwitterkeim*, d. i. zugleich männlicher und weiblicher Entwickelung fähig. [...] Oder auch, auf dem umgekehrt gleichen Wege, ein *männlich liebendes Weib* (eine Urningin, Uranierin, Urnin)? (Ulrichs IV: Formatrix, S. 42, 43, 45, H.i.O.)[1]

Auf dem damaligen Stande der Biologie suchte Ulrichs die embryonale Entwicklung zu erklären – im Auge immer ›die Natur‹ als Dirigentin.

> *Missrät* ihr nur die Übereinstimmung zwischen Unterdrückung einerseits und Entwickelung der unentschiedenen Theile (Zwitterteile) zu entschiedenen Teilen anderseits, so entsteht *Urning* oder *Urningin*. Dies Gebilde hat allerdings in den am Urbild gezeichneten *Einzelheiten* durchaus keine Ähnlichkeit mit ihm: wohl aber im Allgemeinen, da beide, Urbild wie U, entwickelte Männlichkeiten und entwickelte Weiblichkeiten in sich vereinen. [...]. *Was im Keim vorhanden ist, das kann sich auch entwickeln. Jeder primäre Embryo*

1) Die Schreibweise wurde modernisiert, um die Lesbarkeit zu erleichtern.

> *aber trägt an sich männlicher Entwickelung fähige Testikel, ein Membrum, eine Körperhöhle, welche fähig ist, zu Raphe und Scrotum zuzuwachsen, und daneben geistig den weiblicher Entwickelung fähigen Liebeskeim. Der schaffenden Natur ferner gelingt es nicht, alle ihre Geschöpfe regelrecht zu bilden.* **Das ist der Schlüssel zu dem Rätsel urnischer Liebe.** (Ulrichs IV: Formatrix, S. 52 f., H.i.O.)

Fraglos ist dies alles, zumal in der fragmentarischen Wiedergabe, schwer nachzuvollziehen. Dies gilt freilich ebenso für heutige Texte der Entwicklungsgenetik – wir befinden uns im fremden Gebiet einer Wissenschaftssprache. Ulrichs beherrschte und gebrauchte sie. Er entwarf ein Modell der genetischen Entwicklung, das mangels jeglicher Empirie zunächst spekulativ sein musste und erst sehr viel später durch Beobachtungen überprüft werden konnte. Zugleich trennte er die Phänomene der Homo- und Intersexualität (Hermaphroditismus), ebenfalls eine bedeutende theoretische Innovation. Der Autor tastete sich hier über viele Seiten langsam vor, seine Formulierungen waren kompliziert. Eine Probe davon:

> Bei Heranbildung des Embryo durch die natura formatrix dürfen wir, wie mir scheint, gewissermaßen unterscheiden zwei der Zeit nach aufeinander folgende Naturen, zwei Bildnerinnen: eine primäre und eine sekundäre. Bis zu einem bestimmten Zeitpunkt, welcher etwa in die zwölfte oder dreizehnte Woche des embryonischen Daseins fällt, waltet über dem Embryo körperlich wie geistig die *primäre* Natur. Alle Embryonen bildet sie heran *nach ein und derselben Schablone.* (Ulrichs IV: Formatrix, S. 40 f., H.i.O.)

Als Magnus Hirschfeld 1898 die Schriften neu herausgab, attestierte er die Vollständigkeit, mit der Ulrichs »nicht allein vom juristischen, sondern auch vom naturwissenschaftlich-medizinischen, theologischen und philosophischen Standpunkt seinen Gegenstand erfasste«. Soviel auch seitdem dazu geschrieben und geforscht worden sei, »allein neue Gesichtspunkte sind kaum hinzugefügt worden [.] Das gilt namentlich auch von der biologisch-embryologischen Erklärung der konträren Sexualempfindung.« (Hirschfeld 1898:8)

Der Umfang und die hohe Differenziertheit der Schriften zeigen, dass Ulrichs in diesem Zusammenhang nicht strategisch, sondern wissenschaftlich, nämlich theorieentwickelnd, dachte. Zugleich demonstrierte er seine Wende von einem rein biologischen zu einem naturalistisch-psychologischen Erklärungsrahmen. Der Sitz des Begehrens war für Ulrichs die Seele, zweiwertig als männlich oder weiblich konnotiert. Eine auf Männer gerichtete Anziehung musste für ihn weiblicher Art sein. Aus diesem Gerüst von Unterscheidungen zwischen Körper und Seele sowie zwischen zwei Geschlechtern ergab sich die besondere Art der homosexuellen Männer und Frauen. Die Struktur war also nicht eine aus der Luft gegriffene, willkürliche Setzung, sondern die Herleitung aus einem anthropologisch komplexen Bild zur Natur des Menschen. Da die meisten Grundannahmen dieser Theorie bis heute in der Diskussion verblieben sind, müsste das Befremden weichen, das sich bei der verkürzten Darstellung der Ulrichs-These (›weibliche Seele in männlichem Körper‹) so leicht einstellt.

Ulrichs rechnete mit 20 Tausend erwachsenen Urningen im Land, nach einer anderen »Berechnung« bis zu 35 Tausend. Die Zahl sei »in fortwährendem Wachsen begriffen« (Ulrichs I: Vindex, S. 2 f.). In späteren Schriften gab er höhere

Zahlen an. Aus der Summe so veranlagter Individuen wurde bei ihm eine Kategorie, als er 1880 postulierte, es gebe eine »Klasse von Menschen, welche nichts dafürkönnen, dass sie von dem Finger der unerforschlichen Natur so zwitterhaft erschaffen worden sind, welche sich den Einwirkungen des Naturtriebes ebenso wenig entziehen können als die echten Männer und welchen es unmöglich ist, sich in echte Männer umzuwandeln« (Ulrichs XII: Critische Pfeile, S. 11).

Kritische Einschätzung

Worin nun bestand überhaupt Ulrichs' Erkenntnisleistung? Was heute oft nur noch skurril anmutet, war damals die rationale Antwort auf ein Rätsel. Das gleichgeschlechtliche Begehren war den Zeitgenossen unbegreiflich erschienen; man glaubte an eine Geistesverwirrung. Die Ulrichs-These aber fügte das Unerklärliche in die Ordnung der Natur ein. Mit dieser ›Erklärung‹ wurde es diskursfähig und ist dies, einschließlich der Ulrichs-Interpretation, bis heute geblieben.

Der Leib-Seele-Dualismus blickt auf eine bis heute ungebrochene Tradition seit Descartes zurück; hingewiesen sei nur auf die ›Psychosomatik‹. Ulrichs kreuzte ihn mit dem ebenso dominanten Geschlechter-Dualismus, daraus entstand gewissermaßen eine Vierfeldertafel – eine forschungsstrategisch absolut geläufige Operation. Dass dies nicht längst geschehen war, lag an der (religiös bedingten) Hemmung, das Sexuelle rational zu durchdringen. Mit seinen Thesen brach Ulrichs mit einem Dogma, nämlich mit der bislang als selbstverständlich unterstellten Annahme, dass sich jede Geschlechtsliebe von Natur aus und ausnahmslos zwischen einem Mann und einer Frau entfalte.

Die Koppelung zwischen Geschlechtszugehörigkeit und Begehrensrichtung aufzulösen war ein denknotwendiger Zwischenschritt für alle weiteren Variationen. Von hier an wurde eine Erforschung der Typologien und Spielarten des Sexuellen überhaupt erst möglich. Ulrichs schuf also eine Theorieinnovation mit weitreichenden Folgen. Mochte die bloße Idee schon durch andere Köpfe gegangen sein, nun erst erhielt sie eine ausführliche Unterfütterung und konnte sich damit in den Hirschfeld-Strang des laufenden Wissenschaftsdiskurses einfügen. Auch verstärkte er den Grundgedanken mit zahlreichen weiteren Annahmen: zur Seele als Sitz des Begehrens, zur Natur (hier: das Angeborensein) als Garantie des permanenten Vorhandenseins, zu den Variationen des Körpergeschlechts (Intersexe), zu den verschiedenen Formen von Liebe und Begehren sowie mit weiteren Thesen, die erst zusammen das Gebäude einer ›Theorie‹ ausmachen konnten. Ulrichs sprach hier wiederholt von ›Beweisführung‹; heute würden wir ›Theoriekonstruktion‹ dazu sagen. Wo immer möglich, lieferte er illustrierende Beispiele für seine Konzepte und empirische Belege für seine Kausalbehauptungen, und zwar all dies unter der noch sehr begrenzten Erkenntnislage in den Naturwissenschaften, zu schweigen davon, dass eine empirische, d.h. auf methodische Datenerhebung gestützte Psychologie gerade erst entstand. Mit seinen sozialphilosophischen, theologischen und ideengeschichtlichen Erörterungen über Liebe und Begehren erweiterte er den Denkraum für die kommende Sexualwissenschaft. Da er im Fortgang seiner Publikationen und Studien zahlreiche Zuschriften aus Urningskreisen erhielt, konnte er deren Berichte als Material für empirisches Argumentieren verwenden. Niemand hatte das bei diesem Thema zuvor getan.

Damals wie heute bedeutete es eine Aufwertung, wenn ein Text als ›wissenschaftliche Theorie‹ firmieren konnte. Darüber befand nicht der Autor, sondern ein Bündel von objektiven Kriterien, mochte auch im Einzelnen über deren Zutreffen gestritten werden. Hauptsächlich entschied das Urteil einer *scientific community*, die eifersüchtig über die Grenzen der Zugehörigkeit wachte. Was rechtfertigt es nun, Ulrichs' Ausführungen zur mannmännlichen Liebe so einzustufen? Seine Texte formulieren eine ›Theorie‹, weil er generelle Aussagen mit einem Gültigkeitsanspruch macht.

Schon 1862, zwei Jahre vor dem ersten Band, bezeichnete Ulrichs die Begründung seines Uranierseins als ein »ganzes System«, was in diesem Zusammenhang nur ein Synonym für ›Theorie‹ sein konnte. Er stellte keine Ad-hoc-These für einen Einzelfall auf, sondern dachte generalisierend (»kein Mensch« hieß es kurz zuvor), und zwar am Beispiel der eigenen Person. In seinem ›System«‹ gab es das ›dritte Geschlecht‹: »wir bilden ein 3. Geschlecht«. Die Frage, ob es »Zwischenstufen« gebe zwischen Uraniern und Dionäern«, ließ er offen, »wenn es überhaupt reine, und vermischte Uranier gibt« (Ulrichs 1994:45 ff.). Das Thema Bisexualität wurde von Ulrichs erstmals seriös behandelt; seine Bezeichnung lautete: ›Uranodionäismus‹ (IV: Formatrix, S. 46-48; VII: Memnon, S. 18-22 u. ö.).

Die Aussagen zeichnen und benennen einen ›Typus‹ von Menschen, der sich durch mehrere Merkmale von anderen Typisierungen unterscheidet. Zudem werden Kausalitäten über das Zustandekommen behauptet. Das ist ein gehaltvolles Erkenntnisprogramm, dem der Autor über viele Jahre gefolgt ist, das er ausführlich artikuliert, verfeinert und korrigiert hat. Die Thesen waren innovativ, weil das Gleichgeschlechtliche bis dahin nur an einzelnen Personen wahrgenommen worden war, nunmehr aber eine nicht mehr abzählbare Gruppierung charakterisierte. Zur Erinnerung: Ulrichs erschuf die Figur des Urnings, der ein Mensch mit weiblicher Seele in männlich gebautem Körper ist; diese Menschenart ist in der Natur verankert und universell vorhanden. In der Ideengeschichte der Sexualität wirkt diese Theorie bis heute fort.

In der Absicherung der theoretischen Ideen, üblicherweise durch die Kenntnis und Nutzung der aktuell vorhandenen wissenschaftlichen Literatur, waren die ersten beiden Schriften, Vindex und Inclusa, noch unterversorgt gewesen (vgl. Kennedy 2001:103). Hier machte sich der Autodidakt bemerkbar. Dementsprechend negativ fielen die beiden Rezensionen aus, die von Ärzten verfasst waren – damals als die kompetenten Fachleute anerkannt (Kennedy 2001:119). Im vierten Band, Formatrix, holte Ulrichs das Versäumte nach und war damit im Fachdiskurs angekommen. Die Wahrnehmung seiner Beiträge würde sich für die kommenden fünfzig Jahre in einem Wertungsdreieck abspielen: als theoretisch innovativ, als Autor ohne akademische Würden und als ›Betroffener‹, der sich selbst als Urning offenbart hatte (was für sogar einhundert weitere Jahre kein relevanter Diskursteilnehmer mehr tun würde). Das Diskussionsfeld war die Medizin, eine für Ulrichs unbeeinflussbare Festlegung und Weichenstellung für die Zukunft der Homosexuellenforschung.

Nachdem er den Gedanken der Mannweiblichkeit gefasst hatte, suchte er nach empirischer Bestätigung, »weil ich nämlich den weiblichen Habitus merkwürdigerweise bei allen Uraniern, die ich beobachtete, sich wiederholen sehe«. So entstand seine Theorie »nach sorgfältiger Beobachtung anderer Uranier«, also in einer Spielart von qualitativer Sozialforschung, auf induktivem Wege, durch die Interpretation einer Reihe einzelner Fälle (Ulrichs 1994:49, 52).

Ulrichs beschrieb 1862, wie er darauf gekommen sei, dass die Uranier »in mehrfacher Beziehung ein entschieden weibliches Element« enthalten. »Diese seltsame Merkwürdigkeit ist mir erst hier klar geworden, wo ich mehrere andere Uranier kennengelernt habe, und zwar durch Beobachtung an denselben.« Die Zahl seiner Befragten war anfangs klein; für eine bestimmte Frage erwähnte Ulrichs einmal »etwa sechs Uranier«. Seine Stichprobe rechnete er immer wieder hoch auf eine Art von Grundgesamtheit, als die er Tausende annahm (Ulrichs 1994:47, 60 f.).

Selbstbild als Forscher

Soviel zur Charakterisierung von Karl Heinrich Ulrichs als Forscher im Diskurs seiner Zeit. Indessen, wie sah er sich selbst? Unzweifelhaft als ebendieser Forscher. Das bezeugt schon der Gesamttitel seiner zwölf Schriften als »Forschungen«. Seine Argumente sah er als »wissenschaftliche Beweisgründe« (so 1864 in II: Inclusa, S. 1, 4), und überschrieb 1865 den Band IV: Formatrix als »Naturwissenschaftlicher Theil B«, nämlich als Fortsetzung zu Band III: Inclusa. Je weiter Ulrichs mit seinen Theorieentwürfen voranschritt, desto mehr verfestigte sich bei ihm das Verständnis, auf dem Feld der Wissenschaft zu arbeiten. 1869 konnte er den Band IX: Argonauticus selbstbewusst so beginnen:

> Ich veröffentliche diese Schrift als Wort der Wissenschaft für Männer der Wissenschaft. Wer an ihrem Gegenstande Anstoß nimmt, vergisst, dass es sich hier um gar ernste Dinge handelt und dass es Beruf

> der Wissenschaft ist, absolut nichts unerforscht zu lassen. (IX: Argonauticus, S. 1)

Hinzuweisen ist allerdings auf den Unterschied, wissenschaftlich zu arbeiten oder sich Wissenschaftler nennen zu können. Ulrichs umgriff kein ganzes Fach, sondern nur einen Ausschnitt davon. Selbst in der späteren Sexualwissenschaft wäre sein Fokus zu eng gewesen, um dort Fuß zu fassen. So war Ulrichs zwar Vorläufer, aber eben auch (nur) Außenseiter im Feld der Analyse sexueller Erscheinungen. Seine Erkenntnis schätzte er nach denselben Kriterien ein, wie alle Wissenschaftler es für sich tun.

> Ich glaube meine Sätze an der Welt der tatsächlichen Wirklichkeit nachgewiesen zu haben (z. T. schon in Inclusa und Formatrix). Diese Beweisführung selbst hat auch noch niemand beanstandet. Männlicher Körper u. weibliche Seele sind im Urning (ebenso in der Urnigin weiblicher Körper und männliche Seele) zu einem einheitlichen Menschen untrennbar verbunden. Das Wesen des Urnings (und der Urnigin) ist: geschlechtlicher Dualismus (Hermaphroditismus) in dem Gegensatz von Seele zu Leib innerhalb der Einheitlichkeit des Individuums. Sobald etwas aber *ist*, so hat der Einwand ›es *kann* nicht sein‹ den Wert einer tauben Nuss. (Ulrichs IX: Argonauticus, S. 89)

Zum Selbstbild gehörte auch das Bewusstsein, als ›einsamer Rufer‹ in der Kontinuität einer Reihe zu stehen, die in der Vergangenheit begründet worden war und in ferner Zukunft einen Sieg der Vernunft bringen werde. An die Verfolger und Gesetzgeber richtete Ulrichs 1868 den Appell: *»So wahr jene* *unsichtbare Gerechtigkeit waltet, so wahr wird der Tag kommen, an dem ihr ausrufen werdet:* ›**Verfolgte, ihr habt gesiegt!**‹« (Ulrichs VII: Memnon, S. 134, H.i.O.) Ulrichs sah sich als Neuerer und verwies auf seinen »Vorgänger im Kampfe, *Heinrich Hössli*,« (Ulrichs VI: Gladius furens, S. 2; zu Hössli vgl. Lautmann 2016) der eine Generation zuvor die altgriechische Eroskonzeption gepriesen hatte. Hösslis zweibändiges Werk hatte er 1866 erhalten; hinfort verwertete er es.

Ulrichs bedauerte, dass er Hössli nicht mehr habe treffen können. Sie beide hätten »voneinander unabhängig, den gleichen Kampf begonnen, die gleiche Herausforderung auf den Kampfplatz dem Jahrhundert zugerufen«. An Hösslis Werk tadele er zwar, dass es »ermüdend weitschweifig« und »etwas zu wenig mit Gründen« versehen sei. Jedoch sei auch ihm »das Angeborensein der Männerliebe das Fundament«, wenngleich nur behauptet und nicht bewiesen (Ulrichs VII: Memnon, S. 128 f.).

Wirkungen

Der Wert eines Werks ist nicht nur an ihm selbst abzulesen, sondern auch daran, wie es den Diskurs beeinflusst. Die isolierte Lektüre eines altertümlichen Texts verdeckt die Bedeutung, die er in seiner Zeit gehabt hat und durch die von ihm geprägten Werke mittelbar weiterhin entfaltet. Im Falle von Karl Heinrich Ulrichs fällt ins Gewicht, dass die Zitierpraxis seinen Namen unterdrückte. Die Psychiater Westphal und Krafft-Ebing nutzten die in den Ulrichs-Schriften reichlich mitgeteilten Selbstdarstellungen der Briefpartner von Ulrichs, ohne die Quelle zu nennen. Auch Text und Bibliografie zur Homosexualität im Handbuch der Sexualwissenschaften von Albert Moll erwähnten ihn nicht (vgl. Moll 1912:738 f.). So kam es, dass die Erinnerung an den Autor nicht gepflegt wurde und dass der Homosexualitätsdiskurs diskontinuierlich verlief. Die ideengeschichtliche Wirkmacht von Ulrichs liegt also nicht auf der Hand, sie muss zutage gefördert werden.

Da sich seit den 1850ern die Forensische Psychiatrie mit der Nachweisbarkeit mannmännlicher Körperintimität beschäftigte, war das Thema in der Medizin gelandet. Auf Ulrichs' Schriften reagierten also vornehmlich Ärzte, nicht eben zahlreich und allesamt ablehnend.[1] Nun stellen sich die Effekte einer neuartigen und überraschenden Idee nicht immer in Form zustimmender und korrekter Zitate ein. Da in Fachkreisen darüber gesprochen wird – und sei es nur, um die unterstellte Absurdität der Idee zu brandmarken –, wirkt sie in indirekter Kommunikation.

Florian Mildenberger vermutet, dass die Logik Karl Heinrich Ulrichs' von seinen schulmedizinischen Antagonisten unbewusst übernommen worden ist; denn das später von Magnus Hirschfeld verfochtene Zwischenstufenkonzept sei innerhalb der deutschen Ärzteschaft auf überraschend geringen Widerstand gestoßen. Überhaupt hätten sich Ulrichs' vorgeblich abgelehnte Theorien als durchaus langlebig erwiesen (Mildenberger 2008, S. 83 f.).

Unmittelbar nach dem Erscheinen der fünf Broschüren Vindex bis Ara spei gab es keine zustimmende Rezeption in der Medizinliteratur, nur einige hämische bis verdammende Kommentare. Dann aber wurden seine Fallvignetten und Thesen aufgegriffen. Ulrichs' Einfluss auf die Medizin seiner Zeit »bestand vor allem darin, überhaupt das Interesse

1) Die Abqualifikation als ›unwissenschaftlich‹ war auch dabei, vgl. dazu Dworek 1990

am Phänomen Homosexualität zu wecken« (Kennedy 2001, S. 298). Für das vorherige Anathema mag das eine nicht geringe Leistung sein, so wenig sie den Autor zufriedenstellen konnte. Mit dem Beginn einer Sexualwissenschaft i.e.S. rückte das gleichgeschlechtliche Begehren auf ungeahnte Weise in den Fokus.

Der Psychiater und Berliner Ordinarius Carl Westphal bezog sich in seinem richtungweisenden Aufsatz ›Die conträre Sexualempfindung‹ von 1870 auf Ulrichs und die von diesem veröffentlichten Fallgeschichten. Zwischen einem Transvestiten und einem Urning sah er nur graduelle Unterschiede (Westphal 1870:105). Aus II: Inclusa zitierte er die Begriffe und Theorie zur embryonalen Entstehung; er nutzte auch die von Ulrichs genannten Merkmale zur Diagnose eigener Fälle. »Damit etablierte er diese Charakteristika im Diagnosekatalog künftiger Untersuchungen. Unabhängig davon, ob sie Ulrichs' These zustimmten, griffen Sexualwissenschaftler zur Analyse ihrer Fallbeispiele auf die von ihm vorgestellten Merkmale zurück.« (Escherich 2021, Rd.nr. 6)

Die psychiatrische Literatur bediente sich der Ulrichsschen Fallschilderungen, ohne dem Lieferanten für seine Interpretationen Kredit zu geben. So lief es außer bei Carl Westphal auch bei Richard v. Krafft-Ebing. Von den nachfolgenden Autoren hatten viele Ulrichs gelesen; sie zitierten ihn in ihren Publikationen, die seit den 1890er Jahren in dichter Folge und teilweise großem Umfang erschienen. Umfangreich und mehrfach aufgelegt waren die Bücher von Krafft-Ebing und Albert Moll (zur Verbreitung vgl. Lehmstedt 2002:60). Auch europaweit wurden Ulrichs' Schriften wahrgenommen (das Deutsche existierte noch als Wissenschaftssprache). Amüsiert liest man, dass in Japan der Begriff

›Urning‹ phonetisch in die Landessprache übersetzt wurde und von Intellektuellen zu Anfang des 20. Jahrhunderts so benutzt wurde: *úruningu* (vgl. Suzuki 2015:201). Der antikgriechische Mythos vom Uranos ist der japanischen Mythologie so fremd, wie die beiden Länder voneinander entfernt sind, und mag das Wort auch nur mittelbar dorthin gekommen sein – es war nun einmal Ulrichs' Schöpfung. Der Altphilologe Matzner las Ulrichs' Schriften auf dem Hintergrund der dort herangezogenen altgriechischen Quellen und bezeichnete den Autor als einen wirkmächtigen und »wichtigen (wenngleich idiosynkratischen) Vermittler zwischen Antike und Modernität« (Matzner 2015:219).

Exkurs: Karl Heinrich Ulrichs und John Addington Symonds

An dem Engländer John Addington Symonds (1840-1891) macht sich eine ganz besondere, in der Ulrichs-Literatur kaum hervorgehobene Wirkungslinie unseres Mannes fest. Für andere Länder als das Vereinigte Königreich lässt sich möglicherweise eine ähnliche Effektivität ausmachen, wenn erst einmal danach gesucht würde. Symonds, der mit Havelock Ellis am Beginn der Sexualwissenschaft in England steht, korrespondierte das Jahr 1891 über fast täglich mit Ulrichs und fuhr zu einem Gespräch nach L'Aquila (vgl. Leck 2016:126 ff.; Kennedy 2001:351-356). Wenn wir das an dieser Stelle stets bemühte ›Hinken des Vergleichs‹ in Kauf nehmen, leistete Symonds in England das, was Ulrichs im deutschsprachigen Raum vollbracht hat, und sein Koautor Havelock Ellis fungierte hier als R. v. Krafft-Ebing. Der Homosexuelle belieferte den Heterosexuellen mit seiner Idee und Lebensgeschichte, die dann ins Pathologische verdreht wurde – gewissermaßen die wahre ›Perversion‹ jener Tage. Symonds' Homosexuellsein wurde in der ersten Biografie von Horatio Brown (zwei Bände, 1895) absichtsvoll unterdrückt und kam erst in der Biographie von Phyllis Grosskurth (1964) richtig zutage.

Symonds, der aus dem gehobenen Bürgertum stammte, war ein berühmter Kulturhistoriker, der – noch ein Vergleich – neben Carl J. Burckhardt gestellt wird. Er hat seinen langen Weg zum Coming-out erkennbar mitgeteilt und wurde zum literarisch wichtigsten Gründungsautor unseres Themas im anglo-amerikanischen Bereich. Allerdings und anders als Ulrichs litt er lebenslang unter dem »tyrannischen Begehren«, eigentlich unter seiner Überzeugung, die gleichgeschlechtliche Sexualität sei sünd- und krankhaft. Er gestand, hinter dem literaturwissenschaftlichen Autor – unter anderem die ›Renaissance in Italien‹ in sieben Bänden – stecke ein »vulgärer und verdorbener Sinnesmensch« (Zitate von Symonds bei Regis 2061:362). Seit den 1870er Jahren hatte Symonds sich in Privatdrucken mit der Kulturgeschichte des mannmännlichen Begehrens befasst, wobei er spät auch auf die Schriften von Ulrichs stieß. In einer Abhandlung von 1881 zeigte er sich als Ulrichs-Leser, übernahm den Begriff ›Weibling‹ aus Memnon für seine Überlegungen zur mannmännlichen Attraktion (Ulrichs VII: Memnon, S. II/63-71), ja ordnete sich selbst in das Ulrichs-Schema ein (vgl. Symonds in Regis 2016:103 f.; Butler 2022:48, 250 f.).

Da Symonds krankheitsbedingt seit längerem im schweizerischen Davos wohnte, waren die Korrespondenz und eine Reise nach Aquila in kürzerer Distanz möglich. Von dem mutmaßlich ausgedehnten Briefwechsel ist nur noch ein

Schreiben bekannt.[1] Ulrichs bedauerte im ersten Antwortbrief an Symonds, ihm nicht früher begegnet zu sein, wäre dieser ihm doch in seiner bewegten Zeit so sehnlich erwünscht gewesen. Aber die vielerörterte Begegnung zwischen Ulrichs und Symonds ist keine Geschichte versäumter Gelegenheiten, sondern eine der Ungleichzeitigkeit.

In den 1860ern, als die Schriften des Numa Numantius – Ulrichs' Pseudonym bis 1868[2] – erschienen, war Symonds noch in jungen Jahren, gerade mit dem Studium zu Ende. Dem Thema der Gleichgeschlechtlichkeit wandte er sich erst zu, als Ulrichs sich davon bereits verabschiedet hatte. Nur bei dem persönlichen Zusammentreffen äußerte sich Ulrichs bereitwillig zum Thema Homosexualität (Grosskurth 1964:281). In einem Brief vom 10. März 1891 aus Davos an seinen Freund und späteren Briefherausgeber Horatio Brown hieß es gegen Ende: »Strange, wild, feminine letters from Ulrichs« (Brown 1923:245). Symonds' Essay ›Ein Problem in der modernen Ethik‹ (1893 als Privatdruck) enthielt in Abschnitt IX eine Literaturdiskussion (*Literature polemical*), worin Ulrichs' Theorien und ihre Nachwirkung ausführlich dargestellt waren.[3] Mit ›polemisch‹ verwies Symonds auf den aktivistischen Charakter der Ulrichs-Schriften, im Unterschied zu den anderen Abschnitten im Essay über die pornografische, forensische, psychologische usw. Literatur.

Symonds und Havelock Ellis – nachmals der erste briti-

1) Und zwar der Entwurf eines wahrscheinlich Symonds zugedachten Briefs, in englischer Übersetzung abgedruckt bei Pretsell 2020:259 f.

2) Ulrichs VII: Memnon, S. I/VIII: »Heute öffne ich das Visier.«

3) Vgl. den erstmals vollständigen Abdruck des Essays in Brady 2012:123-208 (175-194).

sche Sexualwissenschaftler – begegneten einander nie, wechselten nur Briefe (Crozier 2008:34). In der Diskussion zwischen beiden kam Ulrichs zur Sprache, spielte aber eine mindere Rolle. Ellis schrieb am 9. Februar 1893 an Symonds: »Ich habe niemals eines von Ulrichs' Büchern gelesen. Gibt es irgendetwas von ihm, das ich bestimmt lesen sollte? Ich nehme an, dass Ihr ›Polemischer‹ Abschnitt über Ulrichs eine stark verbesserte und verstärkte Paraphrase seiner Argumente ist.« Symonds antwortete am 11. Februar, Ellis müsse nicht alles von Ulrichs lesen; er habe, gefiltert durch die eigene Sicht, »dessen Haltung gegenüber Recht und Gewohnheit zusammengefasst« (vgl. Brady 2012:246, 249). In dem Werk ›Sexual Inversion‹ (das erste englische Buch zum Thema, wenngleich zuvor gemeinsam von Symonds und Ellis deutsch veröffentlicht) wurde Ulrichs dann allerdings nicht erwähnt. In der englischen Ausgabe verschwand auch Symonds; er war vor dem Erscheinen verstorben, und die Familie ließ seinen Beitrag und Namen aus dem gemeinsamen Werk löschen.

In der Kommunikationsdynamik zwischen den drei Autoren offenbart sich ein weiterer wirkmächtiger Einfluss von Ulrichs. Die gegenwärtige Literatur, auch in Großbritannien, drückt sich vor dieser ideengeschichtlich wichtigen Einsicht, wenn Ulrichs immerzu auf »the Hanoverian lawyer« und »homosexual rights activist« verkürzt wird (so Lang 2015:43; ähnlich Crozier 2008:1, Sutton 2014:183, Bauer 2015:242), was auf Volkmar Siguschs fragwürdige und vielfach nachgebetete Einordnung von 1999 zurückgehen dürfte.

*****

Die fachwissenschaftlichen Nachfolger nahmen Ulrichs' Publikationen zwiespältig auf. Das zeigte sich besonders eindrucksvoll an Prominenten wie R. v. Krafft-Ebing, M. Hirschfeld und später auch V. Sigusch. Viele weitere wären anzuführen; nur wenige davon verzichteten darauf, sich von Ulrichs zu distanzieren – auch wenn sie auf seinen Schultern standen. Der Ulrichs-Effekt war also ein vermittelter: Nicht er selber wurde bekannt, sondern diejenigen, die seine Ideen ausarbeiteten, umformten oder auch als Reibfläche verwandten. Die Rezeption verkürzte sich auf die Seele im gegengeschlechtlichen Körper, was einer Verballhornung des komplexen Ideengebäudes gleichkam.

Auch wenn die Zeitgenossen ihm wenig Anerkennung zollten und seine Theorie nicht gelten lassen wollten, verankerte sich sein Werk in der Sexualwissenschaft. Richard von Krafft-Ebing, der gemeinhin als Begründer dieses Fachs gehandelt wird, benutzte Ulrichs' Schriften, um den Hauptteil seines Jahrhundertwerks *Psychopathia sexualis* (zuerst 1886, Untertitel seit der 2. Auflage 1887: »mit besonderer Berücksichtigung der conträren Sexualempfindung«) mit einer Begrifflichkeit und Fallempirie zu bestücken.

Ulrichs hatte die ersten fünf seiner Schriften an Krafft-Ebing (damals noch im Badischen tätig) geschickt. Der Psychiater teilte dem Absender 1879 auf Anfrage freundlicherweise mit: »Von dem Tage an, wo Sie mir – ich glaube, es war 1866 – Ihre Schriften zusandten, habe ich meine volle Aufmerksamkeit der Erscheinung zugewendet, welche mir damals ebenso rätselhaft war als interessant; und die Kenntnis Ihrer Schriften allein war es, was mich veranlasste zum Studium in diesem hochwichtigen Gebiet und zur Niederlegung meiner Erfahrungen in dem Ihnen bekannten Aufsatz im ›Archiv für Psychiatrie‹.« (So teilt es Ulrichs mit in XII: Critische Pfeile, S. 92)

So nett das privat gesagt war, so verächtlich behandelte der Psychiater den Publizisten in seinen Schriften. »Mitte der 60er Jahre trat ein gewisser Assessor Ulrichs, mit diesem Trieb behaftet, auf« – in diesem Stil (Krafft-Ebing 1877:305). Als Betroffener schien Ulrichs nicht berufen zu sein, etwas Gültiges über seine Begehrensform auszusagen. Die Psychiater verweigerten die Entstigmatisierung und machten aus ›der weiblichen Seele im männlichen Körper‹ eine Krankheit, die entweder eine Perversität (falls angeboren) oder eine Perversion (falls nachgeburtlich erworben) war. Krafft-Ebing sah sich als Sammler von ›Fällen‹ und gab die Patientengeschichten so wieder, wie sie ihm angeliefert worden waren; genau und nur dafür waren ihm Ulrichs' Texte wichtig (Oosterhuis 2001:358 f.). Immerhin ließ sich Krafft-Ebing in den 1890er Jahren dazu herbei, die Strafwürdigkeit der ›widernatürlichen Unzucht‹ in Zweifel zu ziehen (vgl. Hutter 1991:74); er unterzeichnete 1897 sogar die Hirschfeldsche Petition.

Carl Westphal, Psychiater und Professor an der Charité, zitierte 1869 zwar aus Ulrichs' Inclusa, benutzte aber nicht dessen Nomenklatur. Stattdessen sprach er von der »konträren Sexualempfindung«; die Bezeichnung drückte bereits das Falsche aus und blieb einige Jahrzehnte in Gebrauch. Westphal wollte das kritische Phänomen nicht auf den Geschlechtstrieb als solchen beziehen; vielmehr handele es sich um »eine angeborene Verkehrung der Geschlechtsempfindung«, krankhaft und anzutreffen bei Individuen beiderlei Geschlechts (Westphal 1870:73). Das widersprach nicht dem Ulrichs-Konzept einer doppelgeschlechtlichen Person, zumal transvestitische Fälle einbezogen wurden und Westphal aus den Schriften des Numa Numantius zitierte. Aber auch bei Westphal kam es zum widersprüchlichen

Nebeneinander von ärztlicher Betreuung und strafgerichtlicher Mitwirkung.

Die Psychiater stellten also Kasuistiken auf – durchaus ein empirisch-aufklärendes Vorgehen – und typologisierten die große Zahl vorgefundener Fälle. Damit bewegten sie sich auf der Höhe der Zeit. Im Unterschied zu Ulrichs fehlte ihnen das aktivistische Element. Dieser wagte schon den historisch *übernächsten* Schritt, was seinen zeitgenössisch totalen Misserfolg und die viel spätere Aufwertung zum Klassiker erklärt. Den *nächsten* Schritt unternahm Magnus Hirschfeld, im Abstand von genau einer Generation. Zur wissenschaftlichen Innovation und politischen Zielsetzung trat hier ein strategisches Vermögen hinzu, wodurch er ernster genommen und unmittelbar effektvoll sein konnte. Die spätabsolutistischen Verhältnisse ermöglichten das eher als der kulturell restriktive Rahmen der Reichsgründungszeit.

Magnus Hirschfeld, selber mit etwas prekärem Status in der akademischen Sexualwissenschaft, stand anfänglich in einer Gefolgschaft zu Ulrichs. Seine erste Schrift zum Thema, die Broschüre ›Sappho und Sokrates‹ (1896), atmet den Geist der Ulrichs-Theorie, nämlich mit den Annahmen zum Geschlechtstrieb als Naturanlage, zur zwittrigen Urform, zum Missraten einzelner Entwicklungsschritte, zum Angeborensein statt Erwerb der Sexualempfindung und der Zurückweisung der Unterstellung, es handele sich um ein Laster oder eine Krankheit. Dass dies alles bei Ulrichs ausführlich vorgedacht war, scheint Hirschfeld nur unvollständig klar gewesen zu sein, als er die »rein biologische, nicht pathologische (krankhafte) Auffassung der Liebe zum eigenen Geschlecht (nur) andeutungsweise bei Ulrichs 1864« fand (Hirschfeld 1896:27). Vermutlich lagen ihm dessen Schriften nicht vor, und er hatte zunächst nur eine rudimentäre, durch andere Bücher vermittelte Kenntnis (mit der Kurzformel von der weiblichen Seele im männlichen Körper). Zwei Jahre später dann hatte er aufgeholt und edierte die zwölf Bücher zum ›Räthsel der mann-männlichen Liebe‹ in leicht veränderter und gekürzter Fassung.[1] In dem Maße, wie Hirschfeld seine eigene Theorie der Geschlechtermischung in den Homosexuellen entwickelte und auf alle Sexualformen ausdehnte, lockerte sich die Verwandtschaft der beiden Interpretationen. In der Geschichte der Homosexuellenforschung ist es (leider) gang und gäbe, das Rad in immer wieder veränderter Form neu zu erfinden, statt sich der Vorläufer zu entsinnen und einen kumulativen Erkenntnisstand aufzubauen.

Die anfänglich große Nähe zwischen Hirschfeld und Ulrichs wird bei Manfred Herzer beschrieben. Hirschfeld arbeitete seinen eigenen Ansatz immer weiter aus, wie es im Gang der Wissenschaftsentwicklung üblicherweise geschieht. Auch wenn sich dabei die Akzente und Nomenklatur verschoben, blieb die Kontinuität erkennbar (vgl. Herzer 2017:83-87.). Die Metapher der ›Stufen‹ in der Geschlechtertheorie tauchte bei Ulrichs sowohl in einem Verwandtenbrief von 1862 als auch der letzten Schrift von 1880 auf (s. Ulrichs 1994:46 und XII; Critische Pfeile, S. 95); bei Hirschfeld wird sie sogar markenprägend. Bis heute geistern die ›Zwischenstufen‹ gelegentlich durch Köpfe und Gemüter, um das ›Andere‹ der LSBTI-Menschen auf einen Begriff zu bringen. Ein Problem in all diesem Theoretisieren besteht darin, dass es die Kategorie ›Geschlecht‹ zu einem realen Gegenstand verdinglicht (à la ›Ich bin die Zwischen-

1) So Herzer 2001:103. Die Änderungen werden bei Kennedy 2001 nachgewiesen.

stufe xy‹), statt zu bedenken, dass Geschlecht nur eines unter den vielen der realen Person zugeschriebenen Merkmale ist, über das sich intellektuell streiten lässt, wobei dann nur über Interpretationen, nicht aber über die konkret-empirische Beschaffenheit der Person diskutiert wird.

In einer für heutige Debatten bedeutsamen Hinsicht blieb Hirschfeld hinter Ulrichs zurück: in der Frage, worin denn Männlichkeit bzw. Weiblichkeit bestehe. Die Dimensionen Körper und Mentalität blieben bei Ulrichs (auf zugegeben krude Weise) getrennt, sodass die Geschlechtscharaktere für beide Ebenen unterschiedlich bestimmt werden konnten. Hingegen sah Hirschfeld Körper, Geist und Seele als einheitlich für jede Geschlechtsvariation, für jedes sexuierte Individuum an. Das brachte ihn dazu – der spätmoderne Hyperindividualismus ließ bereits grüßen –, jeden Menschen als *singuläre* Ausprägung der Geschlechtlichkeit zu sehen. Das klang schön humanistisch, machte aber jede Bemühung um eine (notwendigerweise *generalisierende*) Theorie von Geschlecht und Sexualität obsolet. Interessant war auch, dass Hirschfelds Denken stärker politikstrategisch beeinflusst war als das von Ulrichs, der zeitgenössische Widerstände schon deswegen weniger berücksichtigen musste, weil diese sich noch kaum artikuliert und institutionalisiert hatten. Zugespitzt könnte man Ulrichs als Stifter, Hirschfeld als *Weiterentwickler* der modernen Homosexuellentheorie bezeichnen.

Zu den durchaus beabsichtigten Folgen der Ulrichs-Theorie gehörte es, die Männerliebe als Sexualform zu etablieren. Was bis dahin als gelegentliche Entgleisung oder Ausbund geistiger Verwirrung gegolten hatte, trat nun neben die bislang einzig für möglich gehaltene Paarungsform. Urninge und Dioninge standen auf theoretisch gleicher Ebene, d.h. sie wurden mit denselben Begriffsrastern und Kausalfaktoren erfasst. *Eine* Theorie erklärte die vielfältigen Erscheinungsformen des Begehrens. Damit war auch eine Vorentscheidung getroffen, wenn die moralische Einordnung anstand, wiewohl die ersehnte Gleichwertigkeit sich nicht automatisch ergeben würde. Nicht zuletzt deswegen konnte die Medizin zunächst dabei bleiben, die Homosexualität zu pathologisieren (›Perversion‹) und nach Heilungsmöglichkeiten zu suchen. Von Ulrichs übernahm sie viele seiner Theoriepositionen und die Fallvignetten; jedoch seine moralische und juristische Beurteilung ignorierte sie auf noch lange Zeit. Logisch gesehen war das kein Paradox; denn Werturteile werden anders begründet als naturwissenschaftliche Aussagen. (Auch die Entstigmatisierung seit 1969 hatte keinen neuen Stand der Wissenschaft zur Grundlage, sondern eine Änderung des rechts- und geschlechterpolitischen Klimas.) Mochte Ulrichs mit seinem kriminalreformerischen Anliegen gescheitert sein, seine sexualwissenschaftlichen Innovationen beeinflussten für lange Zeit den Fortgang der Erkenntnisbildung. Auch blieb sein Werben um Sympathie bei Medizinprofessoren nicht ohne Erfolge; er hatte ihnen seine Schriften zugesandt und war in Korrespondenz getreten.

Die Strategie brieflicher Kommunikation mit den medizinischen Meinungsführern war in Einzelfällen erfolgreich. So antwortete Rudolf Virchow, Ordinarius an der Berliner Universität, 1864 dem Autor von Vindex: »Gegen Ihre Auseinandersetzungen von dem weiblichen Gemüt in einem männlichen Körper habe ich nichts einzuwenden. Dem Manne Ihrer Wahl, Ihrem Geliebten, fühlen Sie sich als Weib gegenüber. Im Gegenteil: das ist ein überaus wichtiger Gegenstand, und Ihre Ausführungen haben ihn in der

Tat nicht ohne Erfolg dargelegt.«[1] Virchow war mit Ulrichs über die Hermaphroditismusforschung verbunden, ohne dass Virchow die Ulrichssche Liebesauffassung geteilt hätte und ohne dass er, obwohl darum gebeten, Ulrichs zu Hilfe gekommen wäre, als dessen Schriften 1868 beschlagnahmt wurden (Mildenberger 2018:443 f.).

Zur Frage des Erlaubtseins blieb es also beim Dissens; Virchow bemühte »die Würde des Mannes« (Ulrichs V: Ara spei, S. 45). Jedoch, als es später zum Schwur kam, 1869 in dem berühmten Gutachten der preußischen wissenschaftlichen Deputation für das Medizinalwesen für die Straflosigkeit der männlichen Homosexualität, votierte er für die Straffreiheit (Ulrichs XII: Critische Pfeile, S. 26). Die preußische Gesetzgebung und später auch der Reichstag haben sich bekanntlich über das Votum der Wissenschaft hinweggesetzt.

In Sachen Bündnispartnerschaft sei nicht unerwähnt, dass Ulrichs von seiner ersten Schrift an auf »wissenschaftlich gebildete Frauen« setzte, wenn sie denn seine »Verstandesgründe werden erkannt haben« (Vorrede zu I: Vindex, S. XI). Nach der Feststellung von Rainer Herrn fehlen bei Ulrichs die misogynen Untertöne (Herrn 2008:176). Nachdem er entdeckt hatte, dass die gleichgeschlechtliche Konstellation auch unter Frauen vorkommt, konzipierte er seine theoretischen Aussagen gleichermaßen für männliches und »weibliches Urningtum« (Ulrichs VII: Memnon, Abt. II, S. XXV; vgl. a. Ulrichs IV: Formatrix, S. 42-45). Hat er auch mehr über die Männer- als über die Frauenliebe geschrieben, wurde Ulrichs später in der lesbentheoretischen Literatur als Vorläufer gewürdigt.

1) Ulrichs zitiert den Brief in III: Vindicta, S. XIV f.

Die sexualreformerische Autorin Emma Trosse publizierte 1895 »Der Konträrsexualismus in Bezug auf Ehe und Frauenfrage«; sie bezog sich auf das Werk von Ulrichs, noch bevor Hirschfeld diesen Autor wiederbelebt hatte (vgl. Leidinger 2012:196). Trosse, »Erste Denkerin des Dritten Geschlechts« (Leidinger 2013:9), knüpfte in ihren Vortragstexten von 1897 ausdrücklich an Ulrichs an. »Ulrichs' Arbeiten hinterließen Eindruck bei den späteren Generationen lesbischer Autorinnen.« (Linge 2018:383 f., 387)

Ihren jüngsten und diesmal durchschlagenden Erfolg erzielte die Ulrichs-These einhundert Jahre nach ihrer Entstehung. Seine Idee, dass das körperlich gegebene und das gefühlte Geschlecht auseinandertreten können, wurde nahezu einhellig akzeptiert. Die weibliche Persönlichkeit in einem männlichen Körper bzw. die männliche Persönlichkeit in einem weiblichen Körper lieferte die Grundlage für den modernen Transsexualismus. Um 1870 waren Transvestismus, Transgeschlechtlichkeit und Konträre Sexualempfindung als zusammenhängende, wenn nicht einheitliche Phänomene diskutiert worden (Vgl. Herrn 2005:25-28). Mit dem Fortschreiten der Sexualwissenschaft differenzierte sich das Bild, ohne den Konnex zwischen den drei Formen jemals aufzugeben. Besonders innig wurden sie wieder in der Queer Theory verbunden, zumal in *Gender Trouble*, der Signalschrift von Judith Butler (Butler 1991). Die Ahnherrenschaft von Ulrichs wurde einerseits nicht immer gesehen, andererseits »im Lichte der Transgender-Identität und -Rechte« erneut in den Vordergrund gezogen (vgl. Joyce 2022:72).

Ambivalente Würdigungen

Die Nachwelt wollte nur die Taten gelten lassen; mit dem Werk aber tat sie sich schwer. Zu seltsam mutete die These von der Frauenseele im Manneskörper an. Zumal Sexualwissenschaftler, die selber so waren, mochten sich damit nicht ernsthaft befassen und ließen sich die Tragkraft der Idee entgehen. Eine bagatellisierende Rezeption aus Überschwang und mit erheblicher Publizität lieferte Volkmar Sigusch, als er 1999 Ulrichs den pompös-kuriosen Titel »der erste Schwule der Weltgeschichte« anheftete (Sigusch 1999:112), ausgehend von einer eigenwilligen Begriffssetzung der ›Schwulen‹ als homosexueller Männer, »die sich selbstbewusst und politisch zu ihrem Begehren öffentlich bekennen« (Sigusch 2008:152).

Obwohl Sigusch die emanzipatorische Bedeutung des Going-public klar war, rang er sich selber nicht zu einem solchen Bekenntnis durch, und dies wohl, um in den zurückliegenden Jahrzehnten als deutscher Hauptvertreter der Sexualwissenschaft fungieren zu können. Da klang ein Entweder-Oder zwischen Wissenschaft und Politik an, das den Verhältnissen im 19. Jahrhundert nicht entspricht. Ulrichs konnte auf beiden Feldern agieren, wie es viele Professoren seiner Zeit auch taten. Sigusch attestierte Ulrichs zwar, wissenschaftliche Begründungen für die Gleichstellung der Homosexuellen und »als erster eine moderne Theorie der Homosexualität« geliefert zu haben. Aber trotz aller Bewunderung blieben die Schriften für ihn »Pamphlete«, »eine einzige Philippika und ein einziger Aufschrei eines Erniedrigten«. Den Erkenntniswert bemaß Sigusch an seiner eigenen, also heutigen Interpretation, statt – wie es wissenschaftshistorisch geboten gewesen wäre – Ulrichs in die

Ideengeschichte nach ihrem damaligen Stand einzuordnen. Er vermisste, dass den »herrschenden Binarismen von Körper und Seele, von Männlichkeit und Weiblichkeit« widersprochen worden wäre (Zitate von Sigusch 2008:154, 164 f., 158), obwohl die späteren Aufweichungen der zweiwertigen Klassifikationen bei Ulrichs ihren Anfang genommen haben.

Siguschs Huldigung als »der erste Schwule der Weltgeschichte« war von rhetorischer Art. Wollte man, wie dieser Autor, die Denkgeschichte als fortlaufende Erzählung verstehen – was sie nicht ist, angesichts ihrer Brüche –, dann konnten Ulrichs' Forschungen nur noch als Begleitmusik zur theatralen Uraufführung der Idee gelten. Die seither vielzitierte Formel war daher eine ambivalente, den Forscher verkleinernde Auszeichnung. Ähnlich wie für Sigusch war für Mark Lehmstedt das Werk von Ulrichs nur bei der Entwicklung der homosexuellen Emanzipationsbewegung von erheblicher Bedeutung; hingegen aus wissenschaftsgeschichtlicher Sicht seien »seine theoretischen, rein spekulativen Thesen wenig geeignet, der weiteren Forschung neue Anstöße zu geben« (Lehmstedt 2002:102). In Tilmann Walters Analyse schwuler Selbstoffenbarungen konnten Ulrichs' Theoriegedanken nur begrenzt gewürdigt werden; er habe »sich bemüht, allen denkbaren Gegenargumenten verstandesmäßig zu begegnen [und] dabei seine Gefühle rational durchdrungen« (Walter 2004:Nr. 4 und 8). Aber waren es bloß legitimatorische Gedanken – oder besaßen sie einen theoretischen Stellenwert? Diese Frage beantwortet sich nicht allein aus Inhalt und Struktur der Texte, aus Vorbildung und Berufsposition ihres Autors, sondern auch aus den Wirkungen, die sie entfalteten.

Ulrichs' These legte den Grund für eine Konzeption der Sexualität, die nicht allein auf die Physiologie der Organe und die Selektion von Genen u.ä. aufbaute, m.a.W. die nicht (nur) physiologisch, sondern psychologisch vorging. Der einseitige Blick auf das geschlechtliche Geschehen – medizinisch-normalistisch und biologisch-funktionalistisch –, beherrscht bis heute die Sexualwissenschaft und verantwortet damit die Pathologisierung, gegen die bereits Ulrichs mit äußerster Entschiedenheit ankämpfte. Seine Ausführungen zur Gefühlsdynamik (in Band IV: Formatrix), zum Körper-Seele-Verhältnis (in Band VII: Memnon), zur Moral- und Sozialphilosophie (in Band V: Ara spei) rücken psychologische, kulturwissenschaftliche und anthropologische Interpretationen des Sexuellen in den Vordergrund; sie alle und insonderheit der interdisziplinäre Ansatz hätten der Sexualforschung als Modell dienen können. Die Chance blieb ungenutzt, weil der kriminologisch-psychiatrische Komplex die Deutungshoheit behielt und sich nicht aus der interessegeleiteten Bahn hätte werfen lassen, schon gar von einem dieser Urninge. Die meisten späteren bis heutigen Würdigungen der wissenschaftlichen Leistung Ulrichs' leiden darunter, an einen Autor von 1860 den jeweils gegenwärtigen Maßstab anzulegen – ein kaum verzeihlicher Anachronismus.

Das Nebeneinander von Forschung und Aktivismus

Ulrichs' »Social-juristische Studien über mannmännliche Geschlechtsliebe«, wie Band I: Vindex überschrieben ist, behandeln in der Mehrzahl der Bände und Seiten genau das, was diese Überschrift besagt. Der Kampf gegen die strafrechtliche Verfolgung stand neben den wissenschaftlichen Analysen i.e.S. Dass beide von ein und demselben Autor unternommen wurden, ja zusammen dessen heute beachtetes

Lebenswerk ausmachten, war eine ungewöhnliche Koppelung. In der ersten Schrift nahmen die normtheoretischen Erörterungen weitaus mehr Raum ein als die sexologischen. Doch passte sich der Stil damit nur dem rechtsdogmatischen und -politischen Denken an, war (auch) hier auf der Höhe der Zeit. Die zweite Schrift, Inclusa, war als »Naturwissenschaftlicher Teil« dann ganz einer phänomenologischen Darstellung des gleichgeschlechtlichen Begehrens gewidmet. »Der Kampf, den ich kämpfe – zunächst ich allein –, ist zwar ein Kampf gegen die gesamte öffentliche Meinung.« Aber es handele sich »um einfache Hinwegräumung eines naturwissenschaftlichen Irrtums durch nackte Gründe« (Ulrichs I: Vindex, S. 15).

Ein Beispiel: In Briefen und mit der Übersendung einer seiner Broschüren an den ›Dichterfürsten‹ und späteren Nobelpreisträger Paul Heyse tadelte Ulrichs 1879 herabsetzende Bezeichnungen wie ›widernatürliche Verwilderung‹ oder ›Laster‹, und zwar »im Namen des Rechts der Natur und der naturwissenschaftlichen Wahrheit«. Hieran wie auch sonst zeigte sich, wie der forschende Aktivist die politisch-pädagogische und die aufklärerisch-wissenschaftliche Diskursebenen zu verbinden verstand, in der »Methode des argumentativen Überzeugens«.[1]

Wie stets gegenüber Außenseitern verhielt sich die akademische Welt reserviert, als Ulrichs eine Kommunikation anzubahnen versuchte. Unter den Briefpartnern, von denen Texte erhalten sind, befanden sich nur wenige Wissenschaftler, nämlich die Medizinprofessoren Heinrich v. Bamberger (Würzburg), Richard v. Krafft-Ebing, Otto v. Seyf-

1) So Herzer 1983, wo auch die beiden Ulrichs-Briefe abgedruckt sind.

fer und Rudolf Virchow (Berlin) mit jeweils einem, zudem recht knappen Text.[1] Die hier üblichen Gepflogenheiten sehen eben vor, Briefe nichtakademischer Absender einfach unbeantwortet zu lassen.

Hier sei ein vergleichender Hinweis auf Wolfram Setz (1941-2023) gestattet, von dem die Idee zu diesem Buch ausgegangen ist und der so viel zu Ulrichs' Gedächtnis beigetragen hat. Das Bleibende seines Lebenswerks besteht wohl vor allem in den über achtzig Bänden der *Bibliothek rosa Winkel*, erschienen seit 1991 im Verlag rosa Winkel, später bei Männerschwarm. Ich möchte, vorsichtig formuliert, hierin ›eine Art‹ von Forschung sehen. Setz' Arbeit an diesem gewaltigen Konvolut von Literatur wäre nicht erschöpfend charakterisiert, wenn man darin bloß die zuverlässige Routine eines Herausgebers sehen wollte. Wie viele Menschen wissen und bestätigen können, hat Setz die vergessenen und entschwundenen Schätze der literarischen Manifestation mannmännlicher Liebe und Erotik aufgespürt und gehoben. Nach den geschriebenen Zeugnissen musste er fahnden, die Dokumente ausgraben, die Funde kontextualisieren und nicht zuletzt für ihre Publikation sorgen. Diese Tätigkeit in ein gängiges Genre einzuordnen, fällt schwer; es gibt für sie im deutschsprachigen Raum kaum eine Parallele. Sie ähnelt, wie das Tun von K. H. Ulrichs, einer Aktionsforschung im Bereich der Archäologie und Geschichte von Literatur. Setz machte seine Arbeit nicht als Laie oder Seiteneinsteiger. Grundständig qualifiziert dafür war er als promovierter Historiker. Seine jahrzehntelange Tätigkeit in der *Monumenta Germaniae Historica* in München, wo er die Herausgabe der

1) Vgl. Pretsell 2020:154, 168, 206, 247; die von Ulrichs adressierten Rechtsprofessoren gehören in einen anderen Zusammenhang.

Schriften redaktionell verantwortete, hatte ihm die berufliche Erfahrung gegeben. Der Aktionscharakter zeigte sich auch darin, dass Setz die ihm persönlich verfügbaren finanziellen Mittel für die Publikationen einsetzte.

Eine Doppelrolle als Theoretiker und Aktivist, wie sie Ulrichs und nach ihm Hirschfeld ausübte, wurde selten anerkannt; stattdessen dienten Hinweise auf den Aktivismus zur Abwertung der Theoriebeiträge. Als Ursache dafür muss angesehen werden, dass beide Autoren mit ihrer Arbeit die Thematisierung und soziale Anerkennung der unerwünschten Homosexuellen wirksam vorantrieben. Wie hierbei Homophobie zur Abstempelung als unseriös motivierte, war vermutlich keine absichtsvolle Strategie, sondern unterlief unreflektiert. Ferner und noch gewichtiger blieb unreflektiert, dass die Kritiker selber nicht neutral waren, es nicht sein konnten; verwurzelt in einer Kultur des heterosexuellen Begehrens und der Familiengründung argumentierten sie ihrerseits ebenso standpunkt- und wertgebunden wie Ulrichs seinerseits. Dass diese Einbindung nicht verbalisiert wurde, weil sie den unausgesprochenen Hintergrund alles Räsonierens bildete, änderte an der Einseitigkeit nichts.

Hatte Ulrichs noch allein denken und agieren müssen, gab er den Anstoß für Kooperationen mit etablierten Wissenschaftlern, als er sich mit Briefen und Zusendungen an die Kapazitäten wandte, von denen einige seine Anregungen aufgriffen. Nach diesem Vorbild verfuhren dann John Addington Symonds mit Havelock Ellis in England und ebenso Magnus Hirschfeld sowie weitere aktivistische Wissenschaftler. Die Initiative ging in all diesen Fällen von der minoritären Seite aus, die dabei manche Zurücksetzung in Kauf nahm und verkraftete. Ulrichs hatte auch dies vorgelebt, als er gleich zu Beginn seiner Publikationen erklärt hatte, er verzeihe allen, die ihn kränkten und hart gegen ihn waren (Ulrichs I: Vindex, S. XII). Er verstand, dass Bitterkeit sowohl die freie Reflexion als auch die Kommunikation mit Kollegen aus der moralischen Mehrheit stört.

Ulrichs' Beiträge zur Rechtswissenschaft und -politik bleiben hier ungewürdigt. Allzu sehr vermischen sich dort aktivistische und szientifische Ideen. Die beiden Argumentationssorten lassen sich durchaus trennen, doch täte das dem Autor Gewalt an. Innerhalb der Jurisprudenz reagiert man durchaus allergisch auf parteiische Äußerungen und pflegt die eigenen Standortgebundenheiten sorgsam zu verhüllen. Allerdings: anscheinend war für viele Sexologen der rechtliche Kontext, in dem sie damals lebten, eine treibende Kraft zur Entwicklung ihrer Theorien.[1] So insbesondere bei Ulrichs, dessen Ideen auch deswegen sprudelten, weil im früher straffrei gebliebenen Königreich Hannover ab 1866 der preußische Paragraph eingeführt wurde.

Nicht alle Kommentatoren von Ulrichs wollen zwischen dessen sexualtheoretischer und kriminalpolitischer Signifikanz trennen. Gerade in der Bezogenheit auf das Recht liege die Originalität von Ulrichs' anthropologischem Argument (Singy 2021). Es könnte sein, dass diese Einschätzung dem Denkverlauf des damaligen Autors besser gerecht wird – in der realhistorischen Sicht, nicht aber in der ideengeschichtlichen. Auch hierbei bleibt Ulrichs ein innovativer Kopf – der erste mit der Idee einer eigenartigen sexuellen Identität. Statt einander im Wege zu stehen befeuerten sich bei ihm die beiden Motivationen. An die Verwandten

1) Matte 2005:257. Seit dem 12. Jahrhundert hatte in Mitteleuropa die mann-männliche Penetration – Sodomie genannt – als Todsünde und schweres Verbrechen gegolten.

schrieb er 1862, nicht ohne Verwunderung: »Ich mache die merkwürdige Erfahrung an mir: je mehr Beweisgründe ich entdecke für mein System, je sicherer und je klarer ich in demselben werde, um so mehr schmilzt alle meine frühere Bitterkeit dahin über die erfahrenen Unbilden.« (Ulrichs 1994:47) Das würde später die emanzipatorische Seite dieser Sexualtheorie sein; denn nur mit angstfreien Menschen ließ sich der Kampf gegen den § 175 und der Aufbau von Gruppen, Medien usf. bestreiten.

Im Stil der Darstellung trennte Ulrichs die beiden Ebenen nicht. Wenn er von den Urningen sprach, hieß es oft ›Wir‹. Den beiden ersten Schriften, über die er mit den Verwandten diskutiert hatte, schickte Ulrich eine Vorrede im Ansprachestil voraus. (»Oh, dass es mir möglich wäre«). Später wich das dem sachlichen Berichten über die zwischenzeitlich erfolgten Reaktionen auf die vorangegangenen Publikationen. Die Häufung verschiedenartiger Schreibstile war dem Bemühen um Aufrichtigkeit geschuldet. Einerseits vermied er damit eine distanzierende Attitüde, andererseits befremdete es sein Publikum. Allerdings begegneten zu seiner Zeit emphatische Töne auch in seriösen Schriften durchaus häufig.

Der amerikanische Soziologe Ralph Leck, der Ulrichs als Schöpfer der modernen Sexualwissenschaft eine eigene Monografie gewidmet hat, will »das revolutionäre Wesen seiner Wissenschaft« hervorheben; denn »seine Politik und wissenschaftliche Vorgehensweise waren so ineinander verwickelt, dass besser von einer epistemischen Politik gesprochen wird. Die Grundprämisse der Ulrichsschen Politik – sexuelle Varianz als naturwissenschaftliche Tatsache – war zugleich eine neue Epistemologie und eine revolutionäre Politik.«[1] Dagegen ist nichts einzuwenden, bleibt doch der Wissenschaftsstrang in dieser komplexen Deutung unberührt.

Anfechtbar könnte sein, wie ich hier den forschenden und den aktivistischen Ulrichs auseinandergerissen habe. Dies ist ein Tribut an die damals wie heute geltende Regel, wissenschaftliche Beiträge von ›interessierter‹ Seite als weitgehend wertlos anzusehen. Im Falle von Ulrichs haben die kriminalpolitischen und bewegungsorientierten Aktivitäten die Wahrnehmung seiner Forschungsleistung meistens überschattet. Daher muss diese Leistung auch einmal abgetrennt, d.h. in ihrem Eigenwert und als Beitrag zur Ideengeschichte der Homosexualität bzw. Queer Theory präsentiert werden. Und tatsächlich unterscheiden sich die Handlungsverläufe und Nachwirkungen beider Formate erheblich, ohne einander zu stören. Es lässt sich freilich auch anders sehen, wie bei Douglas Pretsell, der sich in jüngerer Zeit am intensivsten mit Ulrichs befasst hat. Er sieht dessen dauerhaftes Vermächtnis in der »urnischen Identität, einer ontologischen Wende zur sexuellen Modernität« (Pretsell 2024:182). Selbst wenn sich darüber diskutieren lässt, ob diese Wende sich nicht ohnehin, also auch ohne Ulrichs ereignet hätte, bleibt er unzweifelhaft der Erste. Diese Schöpfung verdankte sich einer Verquickung von forschender und politikpraktischer Aktivität.

1) Leck 2016:219. Einige Rezensionen von Fachhistorikern wie Geoffrey J. Giles und Florian Mildenberger, die das Buch recht kritisch betrachten, übergehen diese These. Vgl. a. Oosterhuis 2021.

Resümee

Einen sexualwissenschaftlich grundlegenden Beitrag hat Ulrichs geleistet, als er das Gleichgeschlechtsphänomen theoretisch einzuordnen unternahm. Bis dahin war eine rein kriminalistische Rahmung üblich gewesen; nur um Strafwürdigkeit und Nachweisbarkeit war es gegangen. Drei Konzeptionen standen zur Wahl: die gleichgeschlechtliche Handlung (woran das Recht anknüpfen konnte), die gleichgeschlechtliche Persönlichkeit sowie die Krankhaftigkeit der gleichgeschlechtlichen Neigung. Ulrichs entwickelte die zweite Option, Krafft-Ebing und die Sexualmedizin die dritte. Beide eigneten sich als Argument zur Entkriminalisierung. Die Perspektive auf Krankheit würde später zur Konversionstherapie führen, die Perspektive auf Persönlichkeit zur Identitätspolitik. Der Diskurs hat sich bis zum Ende des 20. Jahrhunderts zwischen jenen Polen abgespielt, bevor die Queer-Perspektive das Debattenspektrum erneut durcheinanderwirbelte. Daneben gab es noch die ›strategischen‹ Argumente wie ›Liebe‹.

Einseitige und negative Würdigungen haben lange Zeit das Bild von Karl Heinrich Ulrichs und die Nachwirkung seiner Studien beschädigt. Diese Einschätzung ändert sich seit einigen Jahren. Nützlich dabei scheint die kulturelle Distanz zu sein, die eine nichtdeutschsprachige Herkunft ermöglicht. Dazu in chronologischer Reihenfolge einige Stimmen.

Der kanadische Historiker Nicholas Matte glaubt die vielen im späten 19. Jahrhundert sich entwickelnden Sexualtheorien in gewissem Umfang auf Ulrichs zurückführen zu können (Matte 2005:254). Der amerikanische Medizinhistoriker Ross Brooks konstatierte, Ulrichs sei gewiss ein Innovator gewesen, gleichwohl ein Mann seiner Zeit (Brooks

2012:180). Der niederländische Soziologe Gert Hekma führte Ulrichs (neben de Sade und Benedikt Friedländer) als einen von drei sehr verschiedenen Ideengebern für das Wesen des gleichgeschlechtlichen Begehrens an. Bei Ulrichs war es ursprünglich die Vorstellung, ein Urning könne nur einen Dioning begehren, d.h. eine nicht nur körperlich, sondern auch seelisch maskuline Person. Die Zuschriften belehrten ihn dann eines anderen, aber für Hekma bleibt dies ein ideengeschichtlich bedeutsamer Ausgangspunkt: »Ulrichs war außerordentlich erfolgreich mit seinen Theorien zur geschlechtlichen Inversion bei Homosexuellen.« (Hekma 2014:117; meine Übersetzung) Der amerikanische Soziologe Ralph Leck sieht in Ulrichs einen »zentralen europäischen Theoretiker der sexuellen Moderne« (Leck 2016:XII). Nach dem amerikanischen Wissenschaftshistoriker Patrick Singy behauptete Ulrichs' anthropologisches Argument die Natürlichkeit der urnischen Neigung; hiermit bewegte er sich außerhalb der Forderung auf Liberalisierung. Das Argument litt darunter, dass verschiedene Bedeutungen von ›Natur‹ unexpliziert verwendet wurden, weswegen Ulrichs in weiteren Schriften Verfeinerungen vornahm und zugleich das Natürlichkeitsargument immer weiter verstärkte (Vgl. Singy 2021). Singy meint, dass Ulrichs »Beitrag viel grundlegender ist als die besonderen Intuitionen oder Theorien, auf die er sich stützte, um das Wesen der Urninge zu beschreiben. Was er beigetragen hat, ist einfach dies: die Idee, dass einige der Männer, die Sex mit anderen Männern haben, eine rechtlich definierte Kategorie, eine ›Menschenklasse‹, darstellen.« Last not least hat jüngst der australische Naturwissenschaftler und Historiker Douglas Pretsell in mehreren Büchern das Werk von Ulrichs dargestellt und durchdrungen. Ihm zufolge markierte Ulrichs' Auftreten als Urning einen Wendepunkt, an dem sich die queere Geschichte umwandeln würde; die Ausbreitung seiner Terminologie und der sie untermauernden Ideen schürten eine moderne Sexualsensibilität unter seinen Anhängern (Pretsell 2024:23, 32).

Auch kritische Stimmen tragen dazu bei, die Beiträge von Ulrichs im Diskurs zu halten. So führt queer-theoretischer Furor manchmal dazu, Ulrichs mit seinen theoretischen Erben wie Krafft-Ebing und Hirschfeld in einen biologistischen Topf zu werfen. Dies geschah 2022 bei Simon Joyce, einem englischen Philologen, der in den Thesen zur geschlechtlichen Transitivität eine Grundlage für homophobe Praktiken wie Aversions- und Konversionstherapien fand. (Tatsächlich kamen Therapien von Seiten der Ulrichs-Gegner mit ihrer Pathologisierung und Medikalisierung der Homosexualität.) Die mit der Urning-Figur einsetzende Modellierung einer (homosexuellen) Identität stehe der heutigen Allianz von LSBTI-etc. entgegen (Joyce 2022:Kap. 2). Dem soll hier nicht weiter nachgegangen werden. Zu vermerken bleibt, mit welcher Intensität und Ernsthaftigkeit sich anglo-amerikanische Theoretiker mit Ulrichs beschäftigen.

Der bekannten These Michel Foucaults zur Diskursexplosion in Sachen Sex ist hinzuzufügen, dass das Reden über Gleichgeschlechtlichkeit einer Verwissenschaftlichung unterzogen wurde, woran auch zahlreiche Nichtmediziner mitwirkten, darunter Ulrichs. Sodann könnte die aktuelle Queer-theory i.w.S., also das Studium der LSBTIQA-Figuration, in Ulrichs ihren Ahnherrn erkennen, statt ihn auf das Teilgebiet der Homosexuellenforschung abzuschieben. Ulrichs war vom Hermaphroditismus ausgegangen, der Ende des 18. Jahrhunderts zunehmend naturwissenschaftlich untersucht wurde.[1] Die Perspektive der Doppelgeschlechtlichkeit passte auf alle LSBTI-Menschen.

Gibt es und gab es nicht immer Stimmen, in denen die Ideen und das Auftreten von Karl Heinrich Ulrichs als nachteilig für die Sache der Gleichgeschlechtlichen und Queeren beurteilt wurde? Manches davon mag auf Missverständnissen beruht haben. In den ersten Jahrzehnten nach 1900 bekämpfte eine starke Strömung der Eigentheorien die Idee von Ulrichs und Nachfolgern, wonach die gleichgeschlechtlich liebenden Männer einen hohen Weiblichkeitsanteil enthalten; hiermit taten sich vielgelesene Autoren wie Benedikt Friedländer und Hans Blüher hervor (Friedländer 1904:71-77; Blüher 1913; vgl. Herrn 2008:179; Matzner 2010). Anderes richtete sich gegen die explizite Thematisierung der konträren Sexualempfindung und die Erschaffung der Figur von Urningen/Homosexuellen, die lieber im Schatten des Verschwiegenseins ein zufriedenstellendes Leben führen wollten. Letztlich weckte die Verwissenschaftlichung der (Homo-) Sexualität einen grundlegenden Zweifel an der um sich greifenden Rationalisierung des emotionalen Lebens.

In dem Maße, in dem Ulrichs' Schriften als Grundlegung der damals entstehenden Sexualwissenschaft angesehen werden, drängt sich der ketzerische Gedanke auf, diese sei im Kern eine Ausgeburt der homosexuellen Emanzipation gewesen. Ihr Bestand wäre an das historische Trajekt gebunden. Dafür gibt es eine ganze Reihe von Anhaltspunkten. Die als Gründer anerkannten Autoren wie Krafft-Ebing, Westphal, Moll und andere schrieben ihre umfangreichen Werke fokussiert-anschaulich zur konträren Sexualempfindung und eher

1) Vgl. dazu Mildenberger 2004, mit vielen Nachweisen zur damaligen medizinischen Literatur.

pflichtgemäß-blass als Analyse der ›normalen‹ Geschlechtsbeziehung. Und als sie erst einmal existierte, wies die Sexualwissenschaft kontinuierlich einen weit überproportionalen Anteil homosexueller Autoren auf. Nachdem nun aber die Gleichgeschlechtlichkeit schließlich liberalisiert war, nahmen Produktivität und Renommee der Sexualwissenschaft geschwind ab. Projekte und Fachmedien gaben die Grundlagenforschung auf und widmeten sich jetzt den problematischen Seiten des Geschlechterverhältnisses wie Gewalt, Krankheiten und Transgender. Fragen zu Geschlecht und Sexualität kehrten zurück in die Einzelwissenschaften wie Psychologie, Pädagogik, Kriminologie, Public Health usw. Diese Verlaufsstruktur mag sich auch anders erklären als mit einem ›Urknall‹ in der Homosexuellenemanzipation. Jedoch geben Auftreten und Werk von Karl Heinrich Ulrichs das perfekte Exempel für jene These ab. Danach ist und bleibt das Sexuelle ein Topos für wissenschaftliche Analysen, aber ›die Sexualität‹ als das konstituierende Thema einer Fachdisziplin wäre ein historisch und kulturräumlich begrenzter Diskurs gewesen.

Literatur

Bauer, Heike 2015: Suicidal subjects. In: dies. (Hg.), Sexology and translation, Philadelphia, S. 233-252.

Blüher, Hans 1913: Die drei Grundformen der sexuellen Inversion (Homosexualität). Leipzig.

Brady, Sean 2012: John Addington Symonds (1840–1893) and Homosexuality. London.

Crozier, Ivan 2008: Introduction: Havelock Ellis, John Addington Symonds and the Construction of *Sexual Inversion*, in: ders. (Hg.), Sexual Inversion: A Critical Edition, Basingstoke, S. 1-86.

Brooks, Ross 2012: Transforming Sexuality: The Medical Sources of Karl Heinrich Ulrichs (1825–95) and the Origins of the Theory of Bisexuality, in: Journal of the History of Medicine and Allied Sciences 67 (2), S. 177-216.

Brown, Horatio F. (Hg.) 1923: Letters and Papers of John Addington Symonds. London.

Butler, Judith 1991: Das Unbehagen der Geschlechter. Frankfurt/M.

Butler, Shane 2022: The Passions of John Addington Symonds. Oxford.

Domeier, Norman 2015: Karl Heinrich Ulrichs (1825-1895), in: Göttinger Jahrbuch 63, S. 289-292.

Dworek, Günther 1990: Zwei Irrenärzte kommentieren Karl Heinrich Ulrichs, in: Capri 8, S. 42-46.

Escherich, Valentina 2021: Der Einfluss der Homosexuellen auf die Konstruktion der Homosexualität in Deutschland (1864-1914), in: Revue d'Allemagne et des pays de langue allemande 53 (2), S. 299-213.

Friedländer, Benedict 1904: Renaissance des Eros Uranios. Schmargendorf-Berlin.

Grosskurth, Phyllis 1964: John Addington Symonds. A Biography. London.

Hekma, Gert 2014: Male Same-sexual Practices and Identifications in Occidental Societies, in: Florian Mildenberger, Jennifer Evans, Rüdiger Lautmann und Jakob Pastötter (Hg.), Was ist Homosexualität? Forschungsgeschichte, gesellschaftliche Entwicklungen und Perspektiven, Hamburg, S. 113-140.

Herrn, Rainer 2005: Schnittmuster des Geschlechts. Transvestitismus und Transsexualität in der frühen Sexualwissenschaft. Gießen.

Herrn, Rainer 2008: Magnus Hirschfelds Geschlechterkosmos. Die Zwischenstufentheorie im Kontext hegemonialer Männlichkeit, in: Ulrike Brunotte, Rainer Herrn (Hg.), Männlichkeiten und Moderne, Bielefeld, S. 173-196.

Herzer, Manfred 1983: Erläuterungen zu zwei Briefen von Karl Heinrich Ulrichs an Paul Heyse, in: Mitteilungen der Magnus-Hirschfeld-Gesellschaft 2, S. 20-26.

Herzer, Manfred 2001: Magnus Hirschfeld, 2. Auflage. Hamburg.

Herzer, Manfred 2017: Magnus Hirschfeld und seine Zeit. Berlin.

Hirschfeld, Magnus (Th. Ramien) 1896: Sappho und Sokrates. Wie erklärt sich die Liebe der Männer und Frauen zu Personen des eigenen Geschlechts? Leipzig.

Hirschfeld, Magnus 1898: Vorwort, in: Carl Heinrich Ulrichs (Numa Numantius), Vindex: Social-juristische Studien über mannmännliche Geschlechtsliebe, 2. Aufl., Leipzig, S. 7-14.

Hutter, Jörg 1991: Soziale Kontrolle der Homosexualität. Die höchstrichterliche Tatbestandsauslegung zur widernatürlichen Unzucht im Lichte sexualwissenschaftlicher Forschung, in: Soziale Probleme 2 (1), S. 60-85.

Joyce, Simon 2022: LGBT Victorians. Sexuality and gender in the nineteenth-century archives. Oxford.

Kennedy, Hubert 1994: Vorwort zu Band 1 der Neuausgabe der Schriften von K.H. Ulrichs, Berlin, S. 9-18.

Kennedy, Hubert 2001: Karl Heinrich Ulrichs. Leben und Werk. 2. Aufl. Berlin.

Krafft-Ebing, Richard von 1877: Über gewisse Anomalien des Geschlechtstriebes und ihre klinisch-forensische Verwertung derselben als eines wahrscheinlich funktionellen Degenerationszeichens des centralen Nervensystems, in: Archiv für Psychiatrie und Nervenkrankheiten 7, S. 291-312.

Krafft-Ebing, Richard von 1887: Psychopathia Sexualis. Stuttgart.

Lang, Birgit 2015: Translation as Transposition, in: Heike Bauer, Hg., Sexology and translation. Philadelphia, S. 37-52.

Lautmann, Rüdiger 2016: Der ›erste Schwule‹? Heinrich Hössli neu lesen, in: Capri 50, S. 108-119.

Leck, Ralph M. 2016: Vita Sexualis. Karl Ulrichs and the Origins of Sexual Science. Urbana.

Lehmstedt, Mark 2002: Bücher für das ›dritte Geschlecht‹. Der Max Spohr Verlag in Leipzig. Wiesbaden.

Leidinger, Christiane 2012: Emma Trosse (1863-1949), verheiratete Külz, in: Heimatjahrbuch Kreis Ahrweiler 2012, S. 194-199.

Leidinger, Christiane 2013: Transgressionen – Streifzüge durch Leben und Werk von Emma Trosse (1863-1949). Erste Denkerin des Dritten Geschlechts der Homosexuellen und Sinnlichkeitslosen, in: Invertito. Jahrbuch für die Geschichte der Homosexualitäten 14, S. 9-38.

Linge, Ina 2018: German and British Sexual Sciences Across Disciplines at the Fin de Siècle. ›Homosexuals‹, ›Inverts‹ and ›Uranians‹, in: Josephine M. Guy, Hg., The Edinburgh Companion to Fin-de-Siècle Literature, Culture and the Arts, Edinburgh, S. 383-400.

Matte, Nicholas 2005: International Sexual Reform and Sexology in Europe, 1897-1933, in: Canadian Bulletin of Medical History 22 (2), S. 253-270.

Matzner, Sebastian 2010: From Uranians to Homosexuals: Philhellenism, Greek Homoeroticism and Gay Emancipation in Germany 1835-1915, in: Classical Receptions Journal 2 (1): 60-91.

Matzner, Sebastian 2015: Literary Criticism and/as Gender Reassignment. Reading the Classics with Karl Heinrich Ulrichs, in: Kate Fisher and Rebecca Langlands (Hg.), Sex, Knowledge, and Receptions of the Past, Oxford, S. 200-219.

Mildenberger, Florian 2004: ›Urninge‹ und ›genetische Weibchen‹ – Karl Heinrich Ulrichs und der Diskurs über Hermaphroditismus, in: Wolfram Setz, Hg., Neue Funde und Studien zu Karl Heinrich Ulrichs, Hamburg, S. 161-180.

Mildenberger, Florian 2008: Der Diskurs über männliche Homosexualität in der deutschen Medizin, in: Dominik Groß u.a., Hg., Normal – anders – krank? Akzeptanz, Stigmatisierung und Pathologisierung im Kontext der Medizin, Berlin, S. 81-112.

Mildenberger, Florian G. 2018: Rudolf Virchow und die sexuellen Emanzipationsbewegungen, in: Ingo Wirth (Hg.), Virchow-Forschung als Lebensaufgabe, Hildesheim, S. 437-476.

Moll, Albert (Hg.) 1912, Handbuch der Sexualwissenschaften. Leipzig.

Oosterhuis, Harry 2001: Richard von Krafft-Ebing und die ›Stiefkinder der Natur‹, in: Zeitschrift für Sexualforschung 14, S. 357-365.

Pretsell, Douglas Ogilvy 2020: The Correspondence of Karl Heinrich Ulrichs, 1846-1894. Cham.

Pretsell, Douglas Ogilvy 2024: Urning: queer identity in the German nineteenth century. Toronto.

Regis, Amber K. 2016: The Memoirs of John Addington Symonds: A Critical Edition. London.

Sigusch, Volkmar 1999: Ein urnisches Sexualsubjekt, in: Zeitschrift für Sexualforschung 12, S. 108-132.

Sigusch, Volkmar 2008: Geschichte der Sexualwissenschaft. Frankfurt/M.

Singy, Patrick 2021: Sexual identity at the limits of German Liberalism: Law and Science in the work of Karl Heinrich Ulrichs, in: Journal of the History of Sexuality 30, S. 390-410.

Steffens, Melanie C.; Erin Marie Thompson 2006: Verruchte – Perverse – Kranke – Unsichtbare: Der historische Blick, in: T. Heinrich, P. Hammelstein, U. Biechele, Hg., anders ver-rückt? Lesben und Schwule in der Psychiatrie (Jahrbuch Lesben – Schwule – Psychologie). Lengerich, S. 13-22.

Sutton, Katie 2014: From Sexual Inversion to Trans*, in: Florian Mildenberger, Jennifer Evans, Rüdiger Lautmann und Jakob Pastötter (Hg.), Was ist Homosexualität? Forschungsgeschichte, gesellschaftliche Entwicklungen und Perspektiven, Hamburg, S. 181-203.

Suzuki, Michiko 2015: The Translation of Edward Carpenter's The Intermediate Sex in Early Twentieth-Century Japan, in: Heike Bauer (Hg.), Sexology and translation. Philadelphia, S. 197-215.

Ulrichs, Karl Heinrich 1862/1994: Vier Briefe an seine Verwandten, in: Ulrichs, Forschungen ..., S. 36-70.

Ulrichs, Karl Heinrich 1994: Forschungen über das Räthsel der mannmännlichen Liebe. I: Vindex (1864), II. Inclusa (1864), III: Vindicta (1865), IV: Formatrix (1865), V: Ara spei (1865), VI: Gladius furens (1868), VII: Memnon (1868), IX: Argonauticus (1869), XII: Critische Pfeile (1879). Neudruck. Berlin.

Walter, Tilmann 2004: Das frühe homosexuelle Selbst zwischen Autobiographie und medizinischem Kommentar, in: Forum Qualitative Sozialforschung 6 (1), Art. 10.

Westphal, Carl 1870: Die conträre Sexualempfindung, in: Archiv für Psychiatrie und Nervenkrankheiten 2, S. 73-108.

Douglas Pretsell

Eine Urning-Charaktertypologie

> Erst als ich etwa 30 Jahre war, kamen mir die Schriften von Numa (Ulrichs) in die Hand und ich kann nicht schildern, welche Erlösung es für mich war, zu erfahren, dass es noch viele andere Männer gebe, die gerade so geschlechtlich veranlagt sind, wie ich selbst, und dass das, was ich geschlechtlich empfand, keine Verirrung, sondern eine mir von der Natur innewohnende besondere geschlechtliche Anlage sei. Ich öffnete die Augen und fand bald in meiner nächsten Nähe gleichgestimmte Naturen. Zum erstenmale nun erfuhr ich den Genuss, durch directe Berührung eines Manneskörpers die geschlechtliche Befriedigung zu finden. Ich suchte nicht mehr in vergeblicher Weise gegen eine mir tief eingepflanzte Veranlagung anzukämpfen, und seit ich meiner urningischen Natur mehr freien Lauf lasse, bin ich glücklicher, gesunder und leistungsfähiger![1]

Karl Heinrich Ulrichs zwölf zwischen 1864 und 1879 verfasste Abhandlungen hatten einen ungeheuren Einfluss auf das sexuelle Selbstverständnis von Männern, die sich zum eigenen Geschlecht hingezogen fühlten. Der von Ulrichs geprägte Begriff »Urning« eröffnete ihnen sowohl eine Identifikationsmöglichkeit als auch einen neuen Lebensstil. In seinen Schriften über die Natur der Urninge kommen

1) Autobiografischer Brief eines anonymen an konträrer Sexualempfindung Leidenden, wiederveröffentlicht in Richard von Krafft-Ebing 1885:46.

diese Männer anhand ihrer Zuschriften an Ulrichs zu Wort. Das einführende Zitat, die Äußerung eines Urnings etwa zwanzig Jahre nach Erscheinen der Abhandlungen, zeigt, welch transformative Kraft die Identifikation als Urning für die betroffenen Männer haben konnte. Männer schrieben Ulrichs von ihren eigenen Erfahrungen und dieser arbeitete die Briefe in seine Abhandlungen ein, um die Veränderungen und Verbesserungen, die seine Schriften im Leben der Urninge bewirkt hatten, zu illustrieren. Sein fertiges Werk enthält eine große Spannbreite von Urningen, deren Genderidentitäten – in Ulrichs Worten – vom sehr weiblichen »Weibling«, über den »Zwischenurning« bis zum sehr maskulinen »Mannling« reichten. Er kategorisierte Männer, die sich sowohl zu Frauen als auch zu Männern hingezogen fühlten, als »Uranodioning«, und ging davon aus, dass dieselben (Gender-)Rollen und Objekte sexueller Begierde spiegelbildlich auch bei Frauen existierten, auch wenn er von Frauen keine Briefe erhielt.

Seine Theorie der Urning-Identität untermauerte er, indem er deren natürlichen Ursprung betonte, wobei Theoriebildung nur einen Teil seiner Arbeit ausmachte. Sein Werk entstand im regen Austausch mit seinen Rezipienten, realer Männer unterschiedlicher Persönlichkeiten, Klassenzugehörigkeiten, Berufe, Beziehungen und gesellschaftlicher und politischer Ansichten. Aus den Briefen seiner Leser zitierte er freimütig und band in weiteren Kapiteln Berichte über Gerichtsverfahren, Erpressungsversuche und andere bedeutsame Ereignisse aus dem Leben der Urninge in sein Werk ein. Diese bilden ein reiches historisches Material, welches das Leben der Urninge in der Gesellschaft um 1860 lebendig nachzeichnet. Ich möchte diese von Ulrichs und späteren Autoren zusammengetragenen Urning-Briefe und Portraits von Urningen nutzen, um eine Typologie signifikanter Charaktere der Urning-Welt zu entwickeln.[1] Ich orientiere mich dabei an der Arbeitsweise von Klaus Müller bei seiner Untersuchung zu Krafft-Ebings autobiografischen Fallstudien. Müller behandelt sein Material autobiografischer Sexualfallstudien in seinen Analyseverfahren ähnlich wie fiktionale Texte:

> »Die summierten Lebensläufe kannten letztlich nur eine Frage: die Identität des Autobiographen. Diese konturierte sich nicht nur in den ›faktischen Berichten‹, deutlicher sprach die Inszenierung des Selbst aus der Erzählhaltung, der Position gegenüber dem fiktiven Leser, den stilistischen Anleihen bei den verschiedensten Genres.« (Müller 1991:231)

Durch eine eher literarische denn historische Betrachtung der Zeitzeugnisse eröffnet sich die Möglichkeit, Charakterisierungen der Protagonisten herauszuarbeiten. Das lässt sich gleichermaßen auf die Briefe der Urninge an Ulrichs anwenden, die als autobiografische Darstellungen ebenfalls in ihrer Subjektivität nicht als akkurater Fakten- und Ereignisbericht gelesen werden können. Die Analyse des gesammelten Materials lässt es zu, ein Spektrum von

1) Die hier zitierten Briefe sind den zwölf Bänden von Ulrichs' *Forschungen über das Räthsel der mannmännlichen Liebe* entnommen; diese in den Jahren 1864 bis 1879 erschienenen Abhandlungen liegen heute in einem Nachdruck aus dem Jahr 1994 vor. Ich zitiere im Folgenden anhand der lateinischen Einzeltitel der *Forschungen*. Für die englische Übersetzung dieser und anderer Korrespondenzen Ulrichs' siehe Pretsell 2020.

Urning-Charakteren aufzufächern: ihre besonderen Eigenheiten, typische biografische Situationen und spezifische Charaktereigenschaften.

Die thematische Untersuchung der Quellen ergibt neun größere Gruppen von Männern, die sich als Urninge identifizieren: der »gewöhnliche Urning«, der »diskrete Berufstätige«, der »isolierte Urning«, der »verheiratete Mann«, der »vollendete Weibling«, der »Crossdresser«, der »ambivalente Mannling«, der »Soldat« und der »Erpresser«. Abgesehen von den letzten beiden hat Ulrichs keinen dieser Charaktertypen in seinen Abhandlungen verwendet, und bei einigen hätte er Schwierigkeiten gehabt, sie zu identifizieren.[1] Zum Verständnis der Welt der Urninge um 1860 können diese Typen einiges beitragen. Ich habe sie für diese Darstellung in vier Gruppen eingeteilt. Die ersten vier Typen sind von Ulrichs inspirierte Individuen, die sich der neuen Urning-Identität stark verbunden fühlten. Der »vollständige Weibling« bildet eine eigene Kategorie, die noch nicht als eigene Gruppe in Erscheinung getreten ist, als Ulrichs mit seinen Aufzeichnungen beginnt, die aber in den folgenden Jahren Gestalt annimmt. »Crossdresser« und »ambivalente Mannlinge« entstammen dem urbanen Milieu und haben – unabhängig von Urningen und nicht einmal unbedingt mit diesen sympathisierend – bereits ihre eigenen Vorstellungen

1) Insbesondere machte er in seinen Schriften keinen Unterschied zwischen Weiblingen, die nur daran interessiert waren, Frauen zu verkörpern, und solchen, die ein tieferes Gefühl für ihre Trans-Identität hatten. Bei den hier verwendeten Begriffen wurde versucht, die im 20. Jahrhundert gebräuchlichen Begriffe »Transvestit« und »Transgender« zu vermeiden, da diese Begriffe und die damit verbundenen Konzepte noch nicht bekannt waren.

ihrer Identität. Die letzten beiden Gruppen, »Soldaten« und »Erpresser« haben entfernte Ähnlichkeiten zu den zuletzt genannten, insofern sie mit Urningen Sex hatten oder diese als Einnahmequellen ausnutzten.

Die Urning-Anhänger

Der »gewöhnliche Urning«

Was den »gewöhnlichen Urning« charakterisiert, sind weniger bestimmte Eigenschaften als seine unmittelbare Reaktion auf Ulrichs Veröffentlichungen. Gewöhnlich eher abseits der großen Städte lebend ist er ein Rezipient von Ulrichs Schriften, der die Urning-Identität vollauf bejaht. Er ist eher unverheiratet, relativ jung und hat keine herausragende Stellung inne, die ihn im Falle einer Bloßstellung kompromittieren würde. Gewöhnliche Urninge können eine Vielzahl von Gendervariationen verkörpern, am häufigsten sind sie jedoch »mittlere Urninge«, also zwischen »Weibling« und »Mannling« angesiedelt. Dieser Gruppe fühlte sich Ulrichs vermutlich selbst am nächsten, auch wenn er dies nicht ausdrücklich erwähnt.

Der erste Brief, den Ulrichs in seinen Abhandlungen sehr ausführlich zitiert, ging ihm anonym zu und ist auf den 23. Mai 1864 datiert.[1] Darin berichtet der Urning von einer frühen Verliebtheit in einen Schulkameraden, misslungenen Versuche, eine Frau zu umwerben, und von mehreren flüchtigen Affären mit jüngeren »Dioningen«. Er war mit dem Risiko erpresst zu werden vertraut, aber wohl kein Mitglied einer identifizierbaren urbanen Subkultur. Wie viele von

1) Brief eines anonymen Urnings an Ulrichs, 23. Mai 1864. Ulrichs III Vindicta, S.14-18.

Ulrichs Korrespondenzpartnern war er unverheiratet und weder ausgesprochen feminin noch maskulin. Es war ihm gelungen, diskrete sexuelle und romantische Affären in seinen Lebensvollzug zu integrieren. Dieser Mann entspricht dem Archetyp des gewöhnlichen Urnings insofern er ein Jedermann ist, den Ulrichs Botschaft besonders anspricht.

Dieser Personenkreis war es mehr als alle weiter unten noch vorgestellten Typen, der Ulrichs Aktivismus mitttrug und sogar in ein oder zwei Fällen selbst Kampagnen startete. Andere unterstützten Ulrichs schriftstellerische Tätigkeit finanziell. Ulrichs nennt seine engsten Mitstreiter aus dieser Gruppe den »kleinen Kreis«:

> ».. gewährt es mir Tag für Tag eine wohlthuende Befriedigung, im geistigen Verkehr zu stehn mit einer weitzerstreuten Schaar ehrenhafterer Naturgenossen, die seit 1864, dem ersten Erscheinen meiner Schriften, sich mir angeschlossen haben zu einem engeren Kreise und deren Zahl fast von Woche zu Woche sich vergrößert. In diesem Kreise ist jetzt fast keine Berufsclasse und kein Stand mehr unvertreten, und er um faßt schon alle Theile Deutschlands, London, Paris, Schweiz, Dalmatien, Rußland.« (Ulrichs X Prometheus S. 71)

Während im »kleinen Kreis« besonders engagierte gewöhnliche Urninge zusammenkamen, gab es auch eine hohe Anzahl von Individuen, welche die Urning-Identität annahmen und begrüßten, deren Lebenssituation es ihnen jedoch nicht ermöglichte sich offen dafür stark zu machen.

Der »diskrete Berufstätige«

Eine Untergruppe von Ulrichs engeren Anhängern bildeten ältere »diskrete Berufstätige«, die bedeutende Positionen bekleideten. Ihr Beitrag zu Ulrichs Anstrengungen war naturgemäß von anderer Art, was ihr Engagement für die Sache jedoch nicht schmälerte. Ulrichs äußert sich über mehrere Korrespondenten, die wichtige Stellungen inne hatten: »preußische und bayrische richterliche Beamte im activen Staatsdienst... Kaufleute, Fabrikbesitzer ... wie des Adels.« (ebd. S. 71 f.) Wenn er aus ihren Briefen zitierte, gab Ulrichs deren Position und Beruf jedoch nicht preis. Berufstätige in höheren Ämtern hatten weitaus mehr zu befürchten als der gewöhnliche Urning. Zum einen waren sie die ideale Beute für »Erpresser« und zum anderen wären sie im Falle einer Verhaftung einer ihre Karriere vernichtenden Mediensensation ausgesetzt.

Im Jahre 1867 wurde Ulrichs aufgrund seiner Agitation gegen die Annexion Hannovers durch Preußen von preußischen Beamten in Gewahrsam genommen und in Minden inhaftiert. Bei dieser Gelegenheit konfiszierten die Behörden seine Korrespondenz, einschließlich einer Liste von Personen, die er für die Gründung einer Urning-Gesellschaft ins Auge gefasst hatte. Die preußischen Behörden nutzten diese Listen für ihre eigenen Zwecke und bemerkten, dass die aufgelisteten Personen »sich über die weitesten Kreise erstrecken und unter Umständen zu weiteren Schritten gegen Personen zwingen könnten, welche sich nicht – wie der Dr Ulrichs damals – des Beneficiums der Hannoverschen Gesetzgebung erfreuen.«[1] Besonders schätzten sie die Namen höherer Politiker in der Liste:

1) Brief von Königlichem Geheimrath Wagener an Herrn Camp-

> »Graf Bismarck-Bohlen hat bei dieser Gelegenheit eine möglichst vorsichtige Behandlung der gedachten Papiere empfohlen, welche, wie er angiebt, für Anhänger der Welfenpartei so viel Compromittirendes enthalten, daß dieselben durch dessen Zurückhaltung von der Regierung in Abhängigkeit erhalten werden würden.«[1]

Manche der höher gestellten »Berufstätigen« konnten viel für die Welt der Urninge tun, aber die Notwendigkeit diskret zu bleiben bedeutete auch, dass es für viele zu gefährlich war, sich Ulrichs und seinen Anhängern anzuschließen. Trotzdem hielten einige den Kontakt aufrecht, auch nachdem er verhaftet worden war.

Mehrere namhafte Ärzte korrespondierten mit Ulrichs, deren Interesse jedoch weitgehend wissenschaftlicher Art war. Darunter der junge Psychiater Dr. Julius Hoffman, der eine Zeit lang in Jacksonville, Illinois, gelebt und gearbeitet hatte und Ulrichs aus Würzburg kannte. Ob dieser selbst ein Urning war, lässt sich nicht mit Sicherheit sagen. In jedem

hausen, Vize-Präsidenten des Staats-Ministeriums, Staats- und Finanzminister,14. April 1874. Berlin, Geheimes Staatsarchiv Preußischer Kulturbesitz, I. HA Geh. Rat, Rep. 90A, no. 3773. ff42–3. Transkr. Rolf Thalmann.

1) Brief von Bernhard Ernst von Bülow, Staatssekretär des Äußeren, an Herrn Camphausen, Vize-Präsidenten des Staats-Ministeriums, Staats- und Finanzminister, 17. Juni 1874. Berlin, Geheimes Staatsarchiv Preußischer Kulturbesitz, I. HA Geh. Rat, Rep. 90A, no. 3773. f47. Transkr. Rolf Thalmann. Die Welfenpartei war eine konservative, föderalistische deutsch-hannoversche Partei, die mit der Deutschen Zentrumspartei verbündet war, die damals im Norddeutschen Reichstag in der Opposition saß.

Fall steht sein Name in einer handgeschriebenen Liste Ulrichs für potentielle Bezieher der Zeitschrift *Uranos*. Diese Liste enthielt auch Pseudonyme wie »Dr. im Osten« oder »Regierungskanzler Callistratus« (Sigusch 1999:276).

Da Ulrichs zu Justizkreisen rege Kontakte pflegte, befanden sich unter seinen Korrespondenzen auch viele Juristen. Einige dieser nicht namentlich genannten waren sicherlich ebenfalls Urninge. Als er sein Anliegen im Jahre 1867 vor dem Deutschen Juristentag vortrug, sprach ihn einer der Juristen an:

> »Bald mußte ich die unvermuthete Entdeckung machen, daß unter den Mitgliedern, die mir zugehört hatten, sich wirklich ein Urning befunden hatte. Er ist königlich bayerischer Gerichtsbeamter. (Unter den Staatsdienern aller Zweige in Oesterreich, Preußen sc. giebt es zahlreiche Urninge; wie ja auch nur natürlich ist.) Als ich ihn kennen lernte, gab er mir zu erkennen, wie gar heftig mein Vortrag ihn überrascht, ja förmlich erschüttert habe. Unter den beiderseitigen Rufen habe er sich indeß an keinem betheiligt.« (Ulrichs VI Gladius Furens S. 11)

Manche dieser »diskreten Berufstätigen«, die sich in den 1860er Jahren noch bedeckt hielten, traten später aktiver in Erscheinung. Als Magnus Hirschfeld am 15. Mai 1897 ein Treffen zur Gründung des »Wissenschaftlich-humanitären Komitees« einberief, befanden sich unter den Anwesenden einige vormals »diskrete berufstätige« Urninge, die nun zu größerem und öffentlichem Engagement bereit waren.

Der »isolierte Urning«

Zu den so genannten »isolierten Urningen« zählten Männer aller Altersstufen, die ein keusches, lediges Leben wählten und aus Angst vor Erniedrigung und Verfolgung ihr Innenleben unterdrückten. Eine Lebenssituation, mit der Betroffene nicht nur in den 1860er Jahren konfrontiert waren. Gerade für diese waren Ulrichs Schriften bedeutsam. Damals heirateten Männer in der Regel spät und sofern die Betroffenen nicht unter familiärem Druck standen, konnten sie auch unverheiratet bleiben. Wenngleich diese Gruppe von Urningen zumeist im ländlichen Raum lebte, gab es sie wohl auch in den Großstädten. Diesen isolierten Männern war die Möglichkeit, mit anderen Urningen in Kontakt zu kommen, verwehrt und so führten ihnen Ulrichs Schriften vielleicht zum ersten Mal die Möglichkeit anderer Lebensweisen vor Augen. Nur drei von Ulrichs zitierten Korrespondenzen fallen in diese Gruppe. Ein 32-jähriger deutschstämmiger Ungar, der nie mit anderen Urningen in Kontakt gekommen war, schrieb im März 1868 aus Ödenburg (Sopron) im Königreich Ungarn: »Ihre Schriften haben mir meinen Seelenfrieden zurückgegeben.« (Ulrichs VII Memnon S. 86) Ein 26-jähriger Mann aus der tschechischen Oberschicht unterhielt mit Ulrichs einen jahrelangen Briefwechsel und bekannte ihm am 29. November 1867: »Welch ein Trost ist es mir, mein lieber, theurer Freund, mit Dir, meinen einzigen Vertrauten, von meinen Geheimnissen plaudern zu dürfen.« (Ulrichs VII Memnon S. 89)

Ulrichs Werke waren gerade für isolierte Urninge besonders wichtig, die keine anderen Urninge kannten oder noch nie sexuelle Kontakte zu anderen Männern hatten, da sie ihnen die Augen für reizvolle Praktiken und Lebensweisen öffneten, sowie zur allgemeinen Aufklärung dienten.

Ulrichs Schriften offenbarten ihnen eine Welt, in der diese Urninge aufblühen konnten, indem sie im richtigen Moment neue Möglichkeiten entdeckten, aus ihrer Isolation ausbrechen und einen Weg finden konnten, ihrer Urning-Natur in Gesellschaft Gleichgesinnter Ausdruck zu verleihen.

Der »verheiratete Urning«

Einige Urninge waren aus gesellschaftlichen und familiären Gründen gezwungen zu heiraten. Bisexuelle »Uranodioninge« konnten in der Ehe sexuelle Erfüllung finden, während andere Männer auf massiven familiären Druck hin in die Ehe gezwungen wurden, obwohl sie keinerlei sexuelle Neigungen zu Frauen hatten. Dazu notierte Ulrichs: »mancher unglückliche Urning, der, in der Vereinzelung lebend, zur Eingehung einer Ehe mit einem Weibe durch Zureden und durch die sog. ›Verhältnisse‹ gedrängt ward (Solche Ehen gibt es in Deutschland zu hunderten!).« (Ulrichs VII Memnon S. 24) Nicht immer kam der Druck jedoch aus der Familie. Mehrere autobiografische Briefe, die der österreichische Psychiater Richard von Krafft-Ebing in den 1880er Jahren von Urningen erhielt, veranschaulichen, wie es war, als Urning mit einer Frau verheiratet zu sein. Ein Mann berichtet 1888 von einem Arztbesuch, bei dem er diesem seine persönliche Situation und sein Leiden darunter schilderte. Der Arzt riet daraufhin sich eine Frau zu suchen:

> »Ich folgte dem ärztlichen Rathe und heirathete ein wohlerzogenes kräftiges Mädchen, natürlich ohne alle Neigung, aber mit dem festen Vorsatze, ein guter Gatte zu sein. Ich theilte ihr mit, dass ich Söhne haben möchte, denn ich sei ein grosser Kinderfreund, und so gingen wir zunächst eine reine Vernunftehe

> ein. Die Liebe kam wohl später bei ihr, aber nicht bei mir, wie ich denn überhaupt weder vorher noch nachher je in ein weibliches Wesen verliebt gewesen bin.« (Krafft-Ebing 1888:92)

Wenn die Ehe der sexuellen Orientierung völlig zuwider war, konnte sie große seelische Nöte hervorbringen. Ein 35-jähriger Ungar, der Krafft-Ebing 1883 wegen »Schlaflosigkeit und Nervenschwäche« konsultierte, bekannte:

> »[Ich] würde mich jedoch glücklich fühlen, wenn ich nur nicht verheirathet wäre. Meine brave gute Frau dauert mich. Oft packt mich die Furcht, es mit ihr nicht mehr auszuhalten. Dann kommen mir Gedanken, mich scheiden zu lassen, mich umzubringen, nach Amerika zu entfliehen.« (Krafft-Ebing 1883:87)

Manche »verheirateten Urninge« fanden Wege, mit ihren Frauen sexuelle Beziehungen zu entwickeln. Ein anonymer Urning, vermutlich ein österreichischer Militär, schrieb am 3. Januar 1865, seine Frau sei »das vollendete Ideal der menschlicher Würde. . . . Zu ihr zogen mich die innigste geistige Sympathie und Verehrung.« (Ulrichs V Ara Spei S. XXI) Um jedoch beim Sex zum Höhepunkt zu kommen, musste er sich Bilder von Männern vorstellen, da er sich schwertat, seine Frau sexuell attraktiv zu finden.

Ulrichs schweigt sich in seinen Werken über die Frauen in diesen Beziehungen aus. Diese ließen sich vertrauensvoll auf die Ehe ein, ihre Männer aber waren nicht, was sie zu sein schienen. Eine doppelte Tragödie: die Frauen getäuscht und die Männer traumatisiert durch das Streben nach unerreichbarer Heteronormativität.[1] Wenngleich die Rechte der Frauen in der Ehe insgesamt sehr eingeschränkt waren, konnten sie in vielen deutschen Ländern anders als in anderen Ländern zumindest die Scheidung einreichen (Abrams 1999:120). Die Aussichten für die betroffenen Männer waren trostlos, wenn sie nicht durch Scheidung oder den Tod der Partnerin aus der Ehe befreit wurden. Waren die Männer mit anderen Männern sexuell aktiv, begingen sie Ehebruch und mussten befürchten erpresst zu werden.

Eine entstehende Proto-Trans-Konstruktion[2]

Der »vollendete Weibling«

Ulrichs Ausgangsthese, dass Urninge weibliche Seelen in einem männlichen Körper seien, fand insbesondere bei den

1) Für manche Frauen mag es auch eine Erleichterung gewesen sein, dass sie sich nicht verpflichtet fühlten, mit ihren Männern Sex zu haben. Im Jahr 1890 kam einer von Krafft-Ebings Patienten zu einer bemerkenswerten Übereinkunft mit seiner Frau: »Pat. gestand seiner Frau kürzlich den wahren Sachverhalt. Sie bemitleidete ihn, drang auf ärztliche Berathung, zum Theil deshalb, weil sie fürchtete, die projektirte Abstinenz vom sexuellen Umgang mit Personen des eigenen Geschlechts könne ihrem Mann schädlich werden. Pat. erschien nochmals zur ärztlichen Berathung mit seiner—bildhübschen Frau, welche mit grösster Theilnahme von dem Leiden ihres Mannes sprach, die Aussichtslosigkeit einer Behandlung betonte und erklärte, auch unter den bisherigen Verhältnissen mit ihm einträchtig weiter zu leben. Sie werde ihn mit seinen ›Männerliebschaften‹ künftig nicht mehr necken.« Krafft-Ebing 1890:154.

2) Es wäre nicht korrekt, diese Personen von damals als »trans« zu bezeichnen, da dieser Begriff und das dazugehörige Konzept

sehr femininen Weiblingen Anklang. Ihre weibliche Innerlichkeit ging über Femininität weit hinaus und würde heute als transgender oder genderdiverse Identität aufgefasst werden. In seinem zweiten Buch, *Inclusa*, stellte Ulrichs »eine gewisse Unzufriedenheit des weiblichen Gemüthes mit dem männlich gebauten Körper« fest (Ulrichs II Inclusa S. 68), die für einige Weiblinge charakteristisch war. Zur Erläuterung beschrieb er ein Beispiel aus der Antike, sowie einen in der zeitgenössischen medizinischen Literatur beschriebenen Fall: Über den römischen Kaiser Heliogabalus wird berichtet, dass er sich als Frau kleidete und von seinem Arzt die Abnahme seiner männlichen Genitalien und »einen Einschnitt vorn am Körper« (Ulrichs II Inclusa S. 72) wünschte. In einem wissenschaftlichen Aufsatz des Hofarztes Dr. Hieronymus Fränkel in Dessau war über »Friederike« Suesskind Blank zu lesen (Fränkel 1853:102 f.): »[er] legte sein Haar in Locken, zerstörte seinen Bart, stopfte sich Busen und Hüften aus und benutzte jede Gelegenheit, sich als Weib zu maskiren.« (Ulrichs II Inclusa S. 16) Sie:er stellte später einen formalen Antrag, als Frau anerkannt zu werden, und sie:er gab sogar ihre:seine Verlobung unter dem gewünschten Namen »Friederike Blank« bekannt. Blank wurde mehrfach verhaftet. Am Ende stürzte sie:er sich in Jonitz bei Dessau von einer Brücke (Ulrichs II Inclusa S. 16).

In der offenen Weise, wie Ulrichs Proto-Trans-Beispiele in seine Schriften aufnimmt, weist er sich als früher Verbündeter von Menschen mit genderdiverser Identität aus. Für die Leser:innen, die eine starke Neigung hin zu

noch nicht artikuliert wurde. Die Vorsilbe »Proto« wird verwendet, um anzudeuten, dass diese Personen die spätere Formulierung von »trans« vorwegnehmen.

einer weiblichen Identität hatten, war dies bestimmt tröstlich, selbst wenn ihre Weiblichkeit nur innerlich und privat blieb. Ein 27-jähriger von der Ostseeküste schrieb im Dezember 1869: »Ich bin vollkommen Weibling. Am liebsten beschäftige ich mich mit weiblichen Handarbeiten. Ginge es nur an, so würde ich mich weiblich auch kleiden.» (Ulrichs X Prometheus S. 14) In Ulrichs Korrespondenzen gibt es dafür noch keine Anhaltspunkte, aber bald gab es auch Berichte über die inneren Qualen Betroffener, die heutigen Transgender-Narrativen sehr ähnlich sind. H. Marx, ein Zeitgenosse Ulrichs', gab dessen Diskurs eine breitere Grundlage in seiner Abhandlung *Urningsliebe*, indem er den Begriff um den Bereich der Gender-Nonkonformität erweiterte (Marx 1875). Marx schlug darin nicht eine neue Kategorie von Urningen vor; vielmehr lenkte er das Augenmerk stärker auf die Genderthematik als auf die Sexualität: »Der Urning kann nichts dafür, daß der Schöpfer ihn mit einem seinen Leib schändenden Organ geschaffen hat, das für den Urning gänzlich unbrauchbar ist.« (Marx 1875:8) In diesen Schriften finden sich keine konkreten biografischen Berichte über solche nicht genderkonformen Urninge. Biografische Fallstudien sind erst gegen Ende des 19. Jahrhunderts durch Richard von Krafft-Ebing überliefert, der in seinen *Psychopathia Sexualis* (Pretsell 2023:22 f.) drei Fälle von nicht genderkonformen Personen darlegt. Ein 22-jähriger Medizinstudent schrieb Richard von Krafft-Ebing seine innere Gender-Varianz betreffend:

> »Während dieser Zeit las ich Alles, was ich über Zwitter erfahren konnte, sehnte mich, wenn, wie Zeitungen manchmal berichteten, eine Person weiblichen Geschlechts bisher männlich erzogen war und durch

> einen Zufall ihrem Geschlecht wieder zugeführt wurde, an deren Stelle. Meine erkannte Männlichkeit machte diesen Träumen ein Ende und erfüllte mich mit gar nicht besonderer Freude. Ich versuchte durch allmähligen Druck meine Geschlechtsdrüsen zu vernichten, doch liessen mich die Schmerzen bald davon abstehen. Nach äusseren Abzeichen des weiblichen Geschlechts geht auch jetzt noch meine Sehnsucht: nach einem hübschen Zopf, einer runden Brust, einer schlanken Taille.« (Krafft-Ebing 1890:64)

Dennoch war diese Gruppe noch nicht systematisch als eigenständig ausdifferenziert, bis Magnus Hirschfeld das Phänomen Anfang des 20. Jahrhunderts als »seelischen Transsexualismus« beschrieb (Hirschfeld 1923:14).

Städtische subkulturelle Identitäten

Der »Crossdresser«

In den 1860er Jahren gab es eine Untergruppe von in Städten lebenden Urningen, bei denen das Tragen von Frauenkleidung und somit in die Rolle einer Frau zu schlüpfen zu ihrer subkulturellen Praxis gehörte. Diese sind von »vollendeten Weiblingen« insofern verschieden, als ihre Travestie nicht von dem inneren Bedürfnis herrührt, eine Frau sein zu wollen, sondern vielmehr einem gesellschaftlichen Kontext entspringt (obwohl einige vollendete Weiblinge vermutlich auch an solch öffentlichen Travestien mitgewirkt haben mögen). Ulrichs nennt sie Weiblinge, es gibt jedoch keine Belege dafür, dass diese sich selbst so nannten oder sich selbst als Urninge bezeichneten. Crossdressing war kein neues Phänomen; Travestie und sich Verkleiden hat eine lange Tradition, die weit in die Zeit vor dem 19. Jahrhundert zurückreicht. Männliche Prostituierte in Frauenkleidung waren schon seit Elisabethanischen Zeiten Teil des Londoner Stadtbildes und waren sicher auch in anderen europäischen Großstädten zu finden (Bray 1982:88). In so genannten »Molly Houses« konnte man eine Welt abseits der gesellschaftlichen Normen finden, in der Geschlechterrollen getauscht wurden und die Nachahmung des anderen Geschlechts eine Spielart der gleichgeschlechtlichen Sexualität darstellte (Bray 1982:85). Auch in Paris gab es im 18. und 19. Jahrhundert »tantes« (deutsch: Tanten), die als Phänomen einer Vorkultur moderner Konzepte von Genderdiversistät und Sexualität gelten können (Hahn 1979:35). Travestie war im 19. Jahrhundert zum Teil ein Artefakt dieser älteren Traditionen sexueller und geschlechtlicher Non-Konformität und Gender-Passing, die von neueren Konzepten der Theatralik und urbaner Modernität überlagert wurde (Cocks 2003:78). Weiblinge, die Crossdressing betrieben, waren sehr wandelbare, schillernde Persönlichkeiten. Ihr öffentliches Auftreten signalisierte Initiierten sexuelle Verfügbarkeit, gleichzeitig blieb dies Uneingeweihten verborgen. Männer, die öffentlich als Frauen auftraten, forderten die simplistische Vorstellung von Binarität heraus, indem sie Konzepte von Geschlechtlichkeit und sexueller Orientierung in Frage stellten (Garber 1991:10).

Im späten 19. Jahrhundert war durch die Massenproduktion Frauenkleidung wesentlich leichter verfügbar, auch wenn man nur über geringe Geldmittel verfügte (Cocks 2003:96). Die zunehmende Beliebtheit und Verbreitung von Vaudeville- und Burlesktheater lieferte eine Bühne für die etablierte Theatertradition des Geschlechterrollentausches (Cocks 2003:99). Das Großstadtleben bot Crossdressern zugleich Anonymität und die Möglichkeit zur Sichtbarkeit auf der Bühne. Auf diese Weise konnte ein gut angezogener junger Mann, der überzeugend wie eine Frau aussah, mit anderen Gentlemen flirten und im Falle einer Entdeckung das Ganze als einen Spaß hinstellen (Cocks 2003:100). Das vermehrte Auftreten solcher Verhaltensweisen war vermutlich der voranschreitenden Urbanisierung Europas geschuldet. Verzückte Briefe von Urningen über diese in weibliche Rollen geschlüpften Männer gingen Ulrichs vor allem aus London, Moskau und Wien ein.[1] In diesen Städten gab es offenbar eine sehr lebendige Crossdresser-Subkultur. Aus den deutschen Ländern und sogar aus Berlin gibt es in dieser Periode relativ wenig Berichte über öffentliches Crossdressing. Ein regelmäßiger Korrespondent Ulrichs' aus Berlin schreibt am 23. Februar 1868:

> »8 Tage zuvor habe ein hier anwesender reicher polnischer Graf (Urn.) in einem Restaurant einen costümirten Urningsball gegeben. Anwesend waren 10 ausgesucht schöne Soldaten, Dioninge. Von den Urn. erschienen 6 in Damentracht.«[2]

Möglicherweise war dieses Phänomen in Berlin noch neu, als

1) Der Londoner Korrespondent wurde in vier Briefen Zeuge von Crossdressing-Eskapaden (Ulrichs, VII Memnon, S. 69-71; S. 74-7; S. 84f). Die Knägina (Prinzessin) in Moskau wird in einem Brief aus St. Petersburg erwähnt. (Ulrichs, X Prometheus, S. 67); Der Wiener Korrespondent nahm an ausgedehnten Crossdressing-Eskapaden teil, von denen in zwei Briefen berichtet wird. (Ulrichs, VII Memnon, S. 69; S. 78-83.).

2) Brief eines Weiblings in Berlin an Ulrichs, 23. Februar 1868. Ulrichs, VII Memnon, S. 77f.

Ulrichs die ersten Berichte darüber erhielt, und es erwuchs wahrscheinlich aus dem massiven Wachstum der Stadt in der zweiten Hälfte des 19. Jahrhundert; in den Jahren zwischen 1850 und 1870 hatte sich die Einwohnerzahl mehr als verdoppelt (Beachy 2015:48). Diese jungen Männer besetzten eine hedonistische Nische in den Großstädten, vergleichbar mit Szeneköniginnen in Großstädten in Europa oder den USA heute. In diesem Sinne waren die jungen Crossdresser grundlegend verschieden von den oben beschriebenen vollkommenen Weiblingen, da ihr Transvestismus nicht Ausdruck einer tief empfundenen Gender-Dissonanz war.

Der »ambivalente Mannling«

Es gab auch eine kleine Gruppe Männer, denen das Label Urning widerstrebte und die Ulrichs kritisierten. Ulrichs nannte sie »Mannlinge«, eine Bezeichnung, die sie für sich selbst vermutlich nicht nutzten. Ulrichs identifiziert nur wenige seiner in seinen Büchern zitierten Korrespondenten als Mannlinge. Es ist also naheliegend, dass er nur relativ wenig Briefe von maskulinen Urningen erhielt. Es kann auch sein, dass es für Mannlinge leichter war, gesellschaftlichen Erwartungen zu entsprechen und sie so auch weniger das Bedürfnis hatten sich an Ulrichs zu wenden. Eine andere Möglichkeit wäre, dass Ulrichs die Briefe von Mannlingen für die Veröffentlichung weniger interessant fand. Wie dem auch sei, diese Gruppe schien mit Ulrichs' Theorie nicht zu sympathisieren. Der ambivalente Mannling war eine Untergruppe maskuliner Urninge, die gegen Ulrichs' Ansatz ihre Stimme erhoben.

Sehr früh geriet Ulrichs in eine Auseinandersetzung mit einem Mannling aus Mitteldeutschland. Als Ulrichs diesem in Gesellschaft seine Theorie von der Weiblichkeit der Urninge unterbreitete, entrüstete sich dieser und erklärte: »Männer sind wir!« (Ulrichs IV Formatrix S. 39) Obwohl Ulrichs die Existenz von Mannlingen oder maskulinen Urningen anerkannte, blieb er skeptisch gegenüber dem Insistieren auf ihrer Männlichkeit. Sich auf die Einwände des eben genannten Mannlings beziehend, bemerkte Ulrichs, er habe in seiner Jugend immer die Gesellschaft von Mädchen bevorzugt und seine Freunde hätten seine Ansichten als weibisch angesehen (ebd.). Wie der Crossdresser gehörte auch der betont männliche Mannling einer älteren Tradition an. Westliche Gesellschaften erlebten während der Zeit der Industrialisierung einen Wandel von adeligem Libertinismus hin zur patriarchalen bürgerlichen Männlichkeit (Connell 1995:191 f.). Deutschland entwickelte sich erst spät zu einer Industriemacht und war 1860 an einem Übergangspunkt, wo verschiedene Modelle von Männlichkeit nebeneinander her existierten. Eines dieser Modelle war die Männlichkeit hoher Militärkreise, die aus früherer libertinistischer, aristokratischer Männlichkeit abgeleitet war. Dieses Männlichkeitsmodell florierte unter Männern, die seit der Revolution von 1848 im Militär gedient hatten. Auch scheinen bestimmte Teile des Bürgertums von älteren Formen aristokratischer Männlichkeit geprägt worden sein (Connell 1995:192). In den Städten des 19. Jahrhunderts entstand ein neuer Typ betont männlicher, bourgeoiser Libertinisten. Diese unverheirateten Männer fühlten sich durch ihre Sexualität weder definiert noch in ihrer Männlichkeit in Frage gestellt. Diese hyper-männliche Tradition sexueller Abweichung stand der älteren Tradition des Libertinismus näher.

Unter den Augen der Öffentlichkeit und doch unerkannt

konnte der libertinistische Militär sich der Welt männlich präsentieren und ohne Verdacht zu erregen auf Heirat verzichten, während er gleichzeitig diskret seinen sexuellen Neigungen nachging. Ihre Sexualität war eine Eigenheit, Geschmackssache oder eine Facette ihrer selbst, aber nie im Kern ihre Identität bestimmend. Ulrichs' Annahme einer ›dritten-Geschlecht‹-Identität und seine Theorie von der Frauenseele im männlichen Körper forderten die konformistische Männlichkeit libertinistischer Militärs und deren Unsichtbarkeit in der Gesellschaft heraus. Folglich hatten Männer, deren Identitäten dem libertinistischen Militär entsprachen, die größten Probleme mit Ulrichs' Kampagne. Einer von ihnen war der frühere Soldat und Schriftsteller Karl Maria Kertbeny, der den Neologismus »homosexuell« schuf. Kertbeny war einer der ersten Unterstützer Ulrichs und zugleich einer der ersten, der mit ihm brach. Er behielt seine Kritik nicht für sich und scharte einen Kreis Gleichgesinnter um sich. In einem Brief vom 20/21. Dezember 1873 beschreibt Ulrichs diese Gruppe als »Partei der Möpse«.[1] Doch auch wenn die »Mopspartei« gegenüber Ulrichs ambivalent war, blieb sie doch lose und am Rande mit der Urning-Gesellschaft verbunden. Daher können ihre Angehörigen als eine Art Urning betrachtet werden.

Distale Transaktoren = Randständige Beteiligte?

Der »Soldat«

In seinem ersten Modell ging Ulrichs davon aus, dass die Sex- und Liebespartner von Urningen selbst Dioninge wären.

1) Brief an Carl Robert Egells, 20/21 Dez. 1873, in: Karsch-Haack 1922

Das lag wohl daran, dass Ulrichs selbst und vermutlich viele Urninge, mit denen er im Gespräch war, eine sexuelle Vorliebe für Soldaten hatte. Die »Soldatenliebe« war im späten 19. Jahrhundert weit verbreitet in Deutschland (Ulrichs V Ara Spei S. 71 Fn 60), und der Appeal von Soldaten mit ihren verführerischen Uniformen, ihrer Jugend, Kraft und Gesundheit für Urninge unbestreitbar. Das Stereotyp des Soldaten, der außerhalb familiärer Zusammenhänge in einer reinen Männerwelt lebte, maskulin und abenteuerlustig, war ein Objekt der Begierde für Urninge (Symonds 1896:287). Hans Ostwald spekulierte Anfang des 20. Jahrhunderts über die Gründe, warum ein Soldat sich auf einen Urning einlassen würde:

> »Die Gründe, welche den Soldaten zum Verkehr mit Homosexuellen veranlassen, liegen nahe; es ist einmal der Wunsch, sich das Leben in der Großstadt etwas komfortabler zu gestalten, besseres Essen, mehr Getränke, Zigarren und Vergnügungen (Tanzboden, Theater etc.) zu haben; dazu kommt, daß er – der oft sehr bildungsbedürftige Landwirt, Handwerker oder Arbeiter – im Verkehr mit dem Homosexuellen geistig zu profitieren hofft; dieser gibt ihm gute Bücher, spricht mit ihm über die Zeitereignisse, geht mit ihm ins Museum, zeigt ihm, was sich schickt und was er nicht tun soll; das oft drollige, komische Wesen des Urnings trägt auch zu seiner Erheiterung bei; wenn sein Freund ihm abends Couplets vorsingt oder ihm gar, mit dem Lampenschirm als Kapotte und einer Schürze weiblich zurechtgestutzt, etwas vortanzt, amüsiert er sich in seiner Naivität über alle Maßen. Weitere Momente sind der Mangel an Geld oder an

> Mädchen, die dem Soldaten nichts kosten, die Furcht vor den beim Militär sehr akkreditierten Geschlechtskrankheiten und die gute Absicht, der daheim bleibenden Braut treu zu bleiben, der man beim Abschied die Treu geschworen und die in jedem »Schreibebrief« ängstlich an diesen Schwure gemahnt.« (Ostwald 1907:77 f.)

Das Vorherrschen dieser Vorliebe war in hohem Maße durch die Omnipräsenz von Soldaten in jeder deutschen und österreichischen Stadt beeinflusst. Aufgrund der instabilen Lage nach der Revolution von 1848 unterhielten viele deutsche Staaten stehende Heere in Erwartung bevorstehender kriegerischer Auseinandersetzungen, die sich in den 1860er Jahren dann auch tatsächlich ereigneten. Sogar in verhältnismäßig kleinen deutschen Städten konnte ein Urning in der Nähe der Kasernen mit einem Soldaten zu einer entsprechenden Übereinkunft kommen. In Berlin, wo männliche Prostitution weit verbreitet war, konnte eine Liaison mit einem Soldaten ebenfalls von Vorteil sein. Im Vergleich zu professionellen Prostituierten und dem Besuch von Bordellen war die Gefahr der Ansteckung mit einer Geschlechtskrankheit geringer, die Wahrscheinlichkeit, dass sich daraus eine längere Beziehung entwickeln würde, höher, während das Risiko der Erpressbarkeit ebenfalls geringer ausfiel, wenn sich ein Urning mit einem Soldaten einließ (ebd.:78). Abgesehen davon gab es auch ganz spezifische und dezidiert mit dem Erscheinen der Soldaten verknüpfte Vorlieben von Urningen für Soldaten:

> »Ich kannte einen reichen Kunstsammler, der nur für Soldaten schwärmte, wenn sie die Tressen hatten, also

> Unteroffiziere waren. Ein bekannter Baumeister, dem Berlin einige seiner schönsten Monumentalbauten verdankt, hatte nur Interesse für Kürassiere, aber sie mussten Trompeter sein und auf ihren Schultern die Schwalbennester tragen.« (Tresckow 1922:114)

Die typische Beziehung zwischen Urning und Soldat war weder gleichberechtigt noch kameradschaftlich. Zuvorderst war es ein Geschäftsverhältnis, und auch wenn sich eine echte Zuneigung daraus entwickeln würde, begegneten sich die Beteiligten nie auf Augenhöhe. Für gewöhnlich gab es zwischen dem Urning und dem Soldaten einen signifikanten Altersunterschied und auch finanziell sowie intellektuell war der Urning klar im Vorteil. Bis Ulrichs eines Besseren belehrt wurde, ging er davon aus, dass Urninge nur mit Dioningen ein Verhältnis haben könnten und somit die betreffenden Soldaten grundsätzlich Dioninge wären. Es wäre jedoch verfehlt zu glauben, dass die Soldaten in solchen Arrangements sich grundsätzlich nicht zum eigenen Geschlecht hingezogen fühlten. In einem Brief vom Oktober 1867 an Ulrichs von einem Urning aus Wien steht: »Beim österreich. Militär ist der Uranismus (Uranisirung) so eingerissen, dass den Kadeten und Gemeinen darüber bereits Strafpredigen gehalten wurden, und zwar öffentlich in den Kasernen«. (Ulrichs VII Memnon S. 26) Ulrichs nannte Soldaten und andere Dioninge, die aufgrund von Frauenmangel Sex mit Männern hatten, »Uraniaster«.

Während es sicherlich stimmte, dass die meisten Soldaten, die sich auf Urninge einließen, selbst Dioninge waren, musste es unter ihnen auch einige geben, die eine Veranlagung zur gleichgeschlechtlichen Liebe hatten, besonders wenn man sich vor Augen hält, dass es 1860 in vielen deutschen Ländern eine allgemeine Wehrpflicht gab. Vier der von Ulrichs zitierten Korrespondenten waren entweder noch dienende oder ehemalige Soldaten. Andere, die Affären mit Soldaten hatten, waren als junge Männer ebenfalls Soldaten gewesen: Karl Maria Kertbeny war 1840 Soldat in der österreichischen Armee; Carl Ernst Wilhelm von Zastrow, der 1869 in einem Aufsehen erregenden Prozess angeklagt wurde, war Offizier in der preußischen Armee; der Schriftsteller Carl Robert Egells diente in Feldzügen in den 1860er und 1870er Jahren als Soldat. All diese Beispiele zeigen, wie für manche das Leben im Regiment in einer durch und durch männlichen Welt zu einem sexuellen Erwachen führte oder sie beim Herumexperimentieren mit Soldatenprostitution bemerkten, dass sie ihnen selbst Lust bereitete.

Der «Erpresser»

Unter Ulrichs Korrespondenten gab es viele Opfer von Erpressung, oder sie berichteten von Anderen, die erpresst wurden. Es ist unwahrscheinlich, wenngleich möglich, dass einige von Ulrichs Lesern selbst »Erpresser« waren. Manche Erpresser identifizierten sich bestimmt als Urninge, andere waren Dioninge. Die Ausmaße dieses Problems lassen sich gut abschätzen, wenn man sich eine Typologie anschaut, welche Ulrichs anhand der zahllosen Briefe, die er zu diesem Thema erhielt, entworfen hat. Die folgende Tabelle paraphrasiert Ulrichs Originalliste:

Typ des Erpressers	Beschreibung
a. Der »einfache Rupfer«	Ein ehemaliger oder aktueller Sexualpartner, der um Hilfe bittet und nur dann Drohungen ausspricht, wenn er abgelehnt wird.
b. Der »raffinirte Rupfer«	Ein attraktiver Mann, der halb zum Flirten ermutigt, aber auf bestimmte sexuelle Handlungen empört reagiert und droht, zur Polizei zu gehen, wenn er nicht bezahlt wird.
c. Der »raffinirte Rupfer im Complott«	Der attraktive Komplize macht einem Urning ein sexuelles Angebot, und als sie sich in einer kompromittierenden Situation befinden, »entdeckt« der Erpresser sie beide und droht, sie zur Polizei zu bringen, wenn er nicht bezahlt wird.
d. Der »Adressenrupfer«	Der Erpresser verführt einen Urning, um an sein Adressbuch zu gelangen, und benutzt dieses dann, um mehrere andere Urninge zu erpressen.
e. Besondre locale »Rupferspecialitäten«	Der Erpresser hält sich im Berliner Tiergarten oder an anderen einschlägigen Orten auf und hält Ausschau nach auswärtigen Urningen. Er gibt sich dann als Polizist aus, um eine Zahlung zu erpressen.
f. Directe Plünderung	Der Erpresser hat gegen Bezahlung Sex mit einem Urning, folgt ihm und entdeckt die Lage seiner Wohnung, um dann mit kräftigen Kerlen aufzutauchen, die schnell Wertsachen aus der Wohnung schaffen, während der Erpresser den Urning mit Drohungen einschüchtert.

g. »Rupferbanden«	In größeren Städten, wo es viele Urninge gibt, machen ganze Banden immer wieder Jagd auf mehrere Urninge und leben bequem von deren Elend.

Paraphrasierte Liste der Erpressertypen, die Ulrichs in seiner letzten Abhandlung aus dem Jahr 1879 beschreibt. (Ulrichs XII Critische Pfeile, S. 50–57.)

Der wucherartige Anstieg von Erpressungen seit den 1860er Jahren war sicher ein Nebeneffekt der größeren Offenheit moderner Urninge trotz des gesetzlichen Verbots. Der Erpresser stellte sich selbst zwischen das Gesetz und den Urning, wohlwissend, dass dieser niemals zur Polizei gehen würde. Das Umsichgreifen von Erpressung erhöhte die Angst vor Entdeckung noch. Einige Männer wurden so ruiniert und brachten sich aus Verzweiflung um. Manchmal konnte die Erpressung beachtliche Ausmaße annehmen. Ulrichs Bücher sind mit Berichten zu erpresserischen Vorfällen gespickt. Es war in den 1860er und 1870er Jahren das hervorstechendste Problem der Urninge in den deutschen Ländern und in Österreich und würde auch in den folgenden Jahren als solches bestehen bleiben. Ulrichs suchte nach praktischen Lösungen. Als er hörte, dass der Berliner Polizei eine Liste von 3000 Urningen in die Hände gefallen war, schlug er vor, die Urninge sollten beginnen der Polizei die Namen und Daten ihrer Erpresser zu nennen (Ulrichs IX Argonauticus S. 116 f.). Wenn sie ihre Anzeigen anonym machen würden, könnten sie vermeiden, selbst polizeilich verfolgt zu werden. Es gibt keine Belege dafür, dass einer seiner Korrespondenzpartner seinem Rat folgte und es ist gut möglich, dass Ulrichs hier auch zu sehr in den guten Willen der Polizei vertraute.

Schluss

Die Urningstypologie beschreibt die verschiedenen Charaktere sicherlich nicht erschöpfend. Außerdem sind die Klassifizierungen auch nicht als streng getrennte verschiedene Identitäten anzusehen, da es durchaus signifikante Überschneidungen gibt: Der normale Urning war ein Allerweltscharakter, der sich lediglich dadurch auszeichnete, dass er sich vom Urningtum angesprochen fühlte. Das trifft jedoch auch auf die meisten anderen skizzierten Charaktere zu. Manche Mannlinge waren Soldaten. Manche isolierten Urninge würden mit der Zeit ihre Identität akzeptieren, und eine kleine Gruppe jeden Typs könnte Opfer oder Ausübende von Erpressung gewesen sein. Diese stereotypisierten Charaktere bilden nicht das gesamte Spektrum ab – jeder, der hier dargestellten Personen in diesem Modell hatte seine ganz individuellen Lebensumstände und eigenen Charakterzüge, was sie natürlich zu wesentlich komplexeren Persönlichkeiten macht, als es in einer Typologie zum Tragen kommen kann.

Die Typologie ist vermutlich für die ersten vier Typen am zuverlässigsten, da die hier Beschriebenen zu den intensivsten und enthusiastischsten Briefkontakten Ulrichs zählten. Auch wenn Ulrichs den Typ eines vollendeten Weiblings skizzierte, war seine Beschreibung dieser Gruppe noch nicht voll konturiert. Die beiden Arten urbaner Urninge waren zwar in seinen Korrespondenzen weniger vertreten, ihre Beschreibung war deswegen jedoch nicht weniger distinkt. Mannlinge schrieben Ulrichs eher weniger und so wurden sie zwar erwähnt, aber abgesehen von Kertbeny nicht zitiert. Auch Crossdresser wurden eher in Briefen anderer Urninge beschrieben, als dass diese selbst an Ulrichs schrieben. Ulrichs Sache mag für diese Gruppe Stadtbewohner, deren Identität bereits mit viel Raffinement ausgestaltet war und die sich selbst bereits ihren queeren Platz geschaffen hatten, weniger Anziehungskraft gehabt haben. Wie Ulrichs Korrespondenzen es belegen, lebten seine begeistertsten Befürworter, wie die meisten Deutschen und Österreicher damals, nicht in großen Städten wie Berlin oder Wien. Die gut belegte Verwicklung von Soldaten und Erpressern in die Sache der Urninge kann als Folgeerscheinung der immer stärker in Erscheinung tretenden Urning-Gesellschaft gewertet werden. Die neun Typen geben ein gutes Bild dessen ab, wie das private und gesellschaftliche Leben von Männern, die sich zum eigenen Geschlecht hingezogen fühlten und sich als Urninge identifizierten, im ausgehenden 19. Jahrhundert ausgesehen haben mag. Diese Typologie kann von Nutzen sein, wenn man sich mit der Lebensweise der Urninge, die mit Ulrichs in Korrespondenz standen oder deren Leben an anderen Orten dokumentiert wurde, beschäftigen möchte. Deshalb möchte ich diese Kategorien als einen Rahmen für das Verstehen und Erforschen der Menschen anbieten, die sich im Zuge von Ulrichs Bestrebungen Urninge nannten.

Ich danke Sarah Buechsel und Sarah Jäckel für ihre Hilfe bei der Übersetzung dieses Artikels.

Literatur

Abrams, Lynn 1999: Crime Against Marriage? Wife-Beating, Divorce and the Law in Nineteenth-Century Hamburg, in: Gender and Crime in Modern Europe, hg. von Meg Arnot und Cornelie Usborne, London.

Beachy, Robert 2015: Gay Berlin: Birthplace of a Modern Identity, New York.

Bray, Alan 1982: Homosexuality in Renaissance England, London.

Cocks, H. G. 2003: Nameless Offences: Homosexual Desire in the Nineteenth Century, London.

Connell, R. W. 1995: Masculinities, Berkley and Los Angeles 1995.

Fränkel, Hieronymus 1853: Homo Mollis, Medicinische Zeitung von den Vereinen für Heilkunde in Preußen Bd. 22, Berlin.

Garber, Marjorie 1991: Vested Interests: Cross-Dressing and Cultural Anxiety, London.

Hahn, Pierre 1979: Nos ancêtres les pervers: La vie des homosexuels sous le Second Empire, Paris.

Hirschfeld, Magnus 1923: Die intersexuelle Konstitution, Jahrbuch für sexuelle Zwischenstufen 23

Karsch-Haack, Ferdinand 1922: Carl Heinrich Ulrichs, Die Freundschaft, 29/4. 20 Mai 1922.

Krafft-Ebing, Richard von 1883: Lehrbuch der Psychiatrie auf klinischer Grundlage für practische Ärzte und Studirende, zweite Auflage, Stuttgart.

Krafft-Ebing, Richard von 1885: Die conträre Sexualempfindung vor dem Forum, Jahrbücher für Psychiatrie 6.

Krafft-Ebing, Richard von 1888: Psychopathia Sexualis. Mit besonderer Berücksichtigung der conträren Sexualempfindung: Eine klinisch-forensische Studie, dritte Auflage, Stuttgart.

Krafft-Ebing, Richard von 1890: Neue Forschungen auf dem Gebiet der Psychopathia Sexualis: Eine medicinisch-psychologische Studie, Stuttgart.

Marx, H. 1875: Urningsliebe: Die sittliche Hebung des Urningthums und die Streichung des § 175 des deutschen Strafgesetzbuches, Leipzig.

Müller, Klaus 1991: »Aber in meinem Herzen sprach eine Stimme so laut«: Homosexuelle Autobiographien im neunzehnen Jahrhundert, Berlin.

Ostwald, Hans 1907: Männliche Prostitution, Leipzig.

Pretsell, Douglas 2020: The Correspondence of Karl Heinrich Ulrichs, 1846–1894, Cham.

Pretsell, Douglas 2023: Queer Voices in the Works of Richard von Krafft-Ebing, 1883–1901. Cham.

Sigusch, Volkmar 1999: Unbekanntes aus dem Nachlaß von Karl Heinrich Ulrichs, Zeitschrift für Sexualforschung 12, No. 3.

Symonds, John Addington 1896: Zusatz zu Kapitel IV: Speciell zu dem Abschnitte über pseudo-sexuale Anziehung, Soldatenliebe und Verwandtes, in: Havelock Ellis und John Addington Symonds, Das Konträre Geschlechtsgefühl, Leipzig.

Tresckow, Hans von 1922: Von Fürsten und anderen Sterblichen, Erinnerungen eines Kriminalkommissars, Berlin.

Jens Dobler

Auf seidenen Flügeln

Berlin. Unter den Linden
Spanne den Faden des Seidencocons; an den ersten der Bäume
Festige ihn; er gelangt bis an den letzten hinan.
[Stuttgart; 18 Oct. 1873]

Ulrichs: Auf Bienchens Flügeln

Bei der Metamorphose der Raupe zum Schmetterling fasziniert entweder die Raupe, die farbenfroh oder gefährlich faszinierend schillernd einen hässlichen, nichtssagenden Schmetterling gebiert, oder der schönste lebenserfreuende Schmetterling, der aus einem hässlichen Würmchen verwandelt worden ist. Selten – aber auch das kommt vor, etwa beim Schwalbenschwanz – sind sowohl Raupe als auch Schmetterling von großer Schönheit. Fast nie beachtet wird dagegen das Gehäuse, in dem diese außerordentliche Metabolie stattfindet. Der Kokon, eine Made eigentlich, braungrauschwarz oder grün und banal, fällt, nachdem er seinen Dienst verrichtet hat, vertrocknend, unbeachtet in den Schlamm und damit in den Kreislauf des Lebens zurück.

Was wäre die Natur ohne ihre Zwischenstufen? Der Seidenspinner fällt aus der Reihe. Weißsilbrige, schimmelähnliche, fingerdicke Raupen und braunabgestufte Falter, eher »Eiche rustikal«, abturnend, aber ein Kokon, der es in sich hat: Seide. Der seit Jahrtausenden begehrteste Stoff für Kleider, Gewänder, Kostüme und als Highlight: Bettwäsche. Der Stoff, in dem die Träume möglich werden.

Karl-Heinrich Ulrichs lebte von 1870 bis 1880 in Stuttgart. Ein bisschen abgekämpft, ein großer Erfolg war ihm nicht vergönnt, vor allem nicht in pekuniärer Hinsicht. Vom Verkauf seiner Bücher konnte er sicher nicht leben und als Journalist arbeitete er nicht mehr. Ein neues Standbein musste her. In Stuttgart widmete er sich der Seidenraupenzucht und es spricht vieles dafür, dass dies nicht nur Hobby war, sondern der Versuch, sich in Heimarbeit sozusagen eine feste Einnahmequelle zu schaffen.

Der Siegeszug des Eichenspinners

Knistern im Zimmer
Welch ein geheimes Geräusch im Gemach? Welch trauliches Knistern?
Hellgrün, silbergeschmückt, knuspern die Raupen im Laub.
[Stuttgart; 1 Oct. 1873]

Ulrichs: Auf Bienchens Flügeln

Stuttgart ist sicher kein Zufall. Zwar gilt China als Ursprungsland der Seide, aber schon im Mittelalter begann man auch in Europa mit der Seidenraupenzucht, und es war dann vor allem Friedrich II., der im kargen Brandenburg und Ostpreußen allerorten Maulbeerbäume pflanzen ließ. Denn der Maulbeer-Seidenspinner ernährt sich nur von den Blättern des Maulbeerbaums, alles andere lässt er links liegen. Doch so richtig kam die Seidenzüchtung nie in Fahrt. Der Maulbeer-Seidenspinner ist launisch, wetterfühlig und krankheitsanfällig, und so kam seine Zucht Mitte des 19. Jahrhunderts fast völlig zum Erliegen. In meiner Mutter Herkunftsort in Groß-Buchholz in der Prignitz standen noch ein paar uralte knorrige und krumme Maulbeerbäume, auf denen ich in meiner Kindheit herumgeturnt bin und von deren Früchten, die wie weiße Himbeeren aussehen, ich genascht habe. Diese Bäume wurden irgendwann genauso gefällt wie die meisten anderen der friderizianischen Maulbeerbaumsubventionsaufforstungen.

Aber es gibt Alternativen. In Japan etwa wurde der Japanische Eichenseidenspinner kultiviert. Er aß, der Name verrät es, Eichenblätter und er vertrug vor allem feuchteres Klima, und dafür waren Süddeutschland und Nordfrankreich prädestiniert. Um 1860 begann man in Württemberg, Österreich, Ungarn und dem Elsass mit ersten Zuchtversuchen sowohl in der Heimzucht als auch im Freien. Württemberg förderte die Seidenraupenzucht besonders. Dabei galt ein Augenmerk natürlich den zu erntenden Kokons, aber auch der Zucht und dem Handel mit Eiern, was als gute Nebenerwerbsquelle beworben wurde.

Zunächst muss man sich im Herbst Eier besorgen und sie zur Überwinterung im Freien aufbewahren. Im Frühjahr holt man sie, wenn die Eichen zu grünen beginnen, ins Haus, möglichst in einen kühlen Raum, damit die Raupen schlüpfen können. Das kann in einem Kasten oder großen Einweckglas geschehen. Als Futter bekommen sie Äste mit frischem Eichenlaub. Die Raupen häuten sich insgesamt vier Mal, bis sie etwa 15 Zentimeter bei Fingerdicke lang sind, und spinnen dann innerhalb von drei Tagen einen Kokon von fünf Zentimeter Länge. Das sind insgesamt 800 bis 1.200 Meter Seide pro Kokon. Entweder erntet man diese oder lässt die Falter nach 30 bis 40 Tagen schlüpfen. Die Falter legen ihrerseits Eier, die man wiederum in den Verkauf bringen kann.

Soweit das Einmaleins des fleißigen Seidenraupenzüchters. Ulrichs sprang hier sicher auf einen Zug auf, der lukrativ zu sein schien, er war aber gleichzeitig auch Pionier. Die Jahreszahlen verraten es. Im Juli 1872 startete er mit seiner ersten Veröffentlichung im *Württembergischen Gewerbeblatt*, was Sinn machte, denn das Blatt informierte regelmäßig neben Berichtenswertem aus handwerklichen und industriellen Gewerben auch über landwirtschaftliche Fragen und Tierwirtschaft, Fragen zur Kultivierung, Ernte, Lagerung und Verarbeitung von Kulturpflanzen aller Art oder Krankheitsprophylaxe und Schädlingsbefall. Ulrichs nun stellte die *Saturnia Yam a may*, die japanische, eichenlaubfressende Seidenraupe vor und rühmt sich, derjenige zu sein, der sie erstmals 1871 in Württemberg eingeführt habe. Der erste Schub Importraupen habe hohe Verluste zu verzeichnen gehabt, was er auf den Klimawechsel zurückführte, seine zweite Eigenzucht dagegen sei sehr robust gewesen und er habe gut 200 Eier verkaufen können. Ein Ei kostete zwei Kreuzer, was dem Preis für ein Hühnerei entsprach. Insgesamt habe er so einen Erlös von 42 Gulden erzielt. Die Nachfrage sei höher und der Ertrag damit lukrativer gewesen als durch das Seidengarn selbst, das übrigens in seiner Qualität in nichts dem der Maulbeerbaum-Schwestern nachstehe. Er erwähnt auch, dass die Raupen nicht nur Eichenlaub, sondern auch Buchen-, Hainbuchen- und Rosenlaub fressen. Am Ende lädt er Interessierte in seine Wohnung in der Böblinger Straße 34 ein zum gemeinsamen Raupengucken und Fachsimpeln.

Dieser Beitrag erschien kurz darauf in indirekter Form auch im *Polytechnischen Journal* von Emil Maximilian Dingler, d. h. Ulrichs' Name erscheint nicht als Autor, sondern im Beitrag wird auf einen Ulrichs in Stuttgart hingewiesen, der dort diese Raupen züchtet. Aufgrund der Gleichheit zum Beitrag im *Gewerbeblatt von Württemberg* und der nachfolgenden Beiträge kann sicher davon ausgegangen werden, dass Ulrichs den Artikel selbst verfasst und lanciert hat. Dieses deutschlandweite Blatt ist schon bemerkenswerter als das *Gewerbeblatt*. Es geht in diesem Fachblatt um neue Verfahren in der Stahlgewinnung, Maschinen- und Motortechnik, Chemieindustrie, Energiegewinnung, fotografische Verfahren, Unfallverhütung, Düngeverfahren in der Landwirtschaft, Textilindustrie, Rüstungsindustrie, also vor allem um wirtschaftliche Schwergewichte, jedenfalls nichts zu biologischen Prozessen und schon gar nichts über Seidenraupen. Ulrichs platzt hier also mit seinen Raupen mitten in eine Welt von Dampfmaschinen und Thomas-Birnen. Selbstvertrauen zumindest fehlte ihm nie. Immer nachdem er einen Beitrag für das *Gewerbeblatt in Württemberg* geschrieben hatte, erschien dieser gleich (oder minimal geändert) und etwas zeitverzögert auch im *Polytechnischen Journal*, das ab dem 212. Band 1873 in *Dingler's Polytechnisches Journal* umbenannt wurde, jetzt unter der Herausgeberschaft von Johann Zaman und Ferdinand Fischer. Ulrichs' Beiträge erschienen in der Rubrik »Miscellen«, dort wurden in der Regel keine Autorennamen, bestenfalls Namenskürzel genannt. Aber schon ab 1874 steht dort sein voller Name gedruckt nebst Adresse und Einladung zum fröhlichen Raupenbeobachtungsnachmittag in Ulrichs' Zuchtanstalt, mittlerweile in der Silberburgstraße 102.

Bislang sind insgesamt zwölf Beiträge Ulrichs' über die Seidenraupenzucht in verschiedenen Fachzeitschriften bekannt. Es ist jedoch, wenn die Digitalisierung mit Volltextsuche der deutschen Zeitschriftenpresse voranschreitet (was leider so schleppend geht), zu erwarten, dass noch weitere auftauchen werden. Vermutlich wäre es etwas ermüdend, jetzt alle diese Beiträge mit ihren fachlichen Aspekten zu behandeln, daher verweise ich aufs Literaturverzeichnis. Einige Perlen sollen jedoch nicht unerwähnt bleiben.

Die urnische Seidenraupe

Natürlich, auch sie gab es. Schon in seinem zweiten Beitrag (erst im *Gewerbeblatt*, dann bei *Dingler's*) erwähnt er die große Resonanz auf seinen Beitrag aus dem In- und Ausland und berichtet von seiner neuen Zucht. Am Anfang habe es einen Männchenüberschuss gegeben, und als mehr Weibchen schlüpften, seien da kaum noch Männchen gewesen. Dabei habe er ein unbefruchtetes Ei beobachten können, aus dem trotzdem ein gesundes Räupchen geschlüpft sei, ein Weibchen sei verkrüppelt gewesen und ein Männchen habe sich mit einem anderen Männchen begattet. Hermaphrodisie, Handicap und Urningtum haben also auch im Ulrichs'schen Raupenreigen ihren Platz und verdienen es, hervorgehoben zu werden.

In weiteren Artikeln erwähnt er noch, dass er mittlerweile auch schon seinen Seidenfadenüberschuss an eine Spinnerei für spezielle grafische Fein-Apparaturen verkaufe. Er berichtet von Eier- (und Raupen-)Verkäufen nach Warschau, Odessa, Kopenhagen, Pommern und sogar auf die Insel Madeira. Allein nach Odessa gingen 3.000 Eier. Auch experimentiert er mit weiteren Arten, so der *Perny*-Raupe und *Attacus cecropia* aus Südamerika; letztere fraß auch Laub von Pappeln, Apfelbäumen und Kastanien.

Ulrichs warb in den genannten Fachzeitschriften, aber auch darüber hinaus in Kleinanzeigen für seine Eier. Zwischen 1872 und 1873 erschienen allein 15 Anzeigen, darunter auch in der Satirezeitung *Kladderadatsch*. Ulrichs' Experimente werden auch von anderen Blättern erwähnt, es gibt eine gewisse Rezeption. Auch suchte er über das *Börsenblatt des deutschen Buchhandels* einen Verleger für ein Manuskript über die Seidenraupenzucht. Soweit ersichtlich, fand er keinen, aber wie gesagt, die Digitalisierung schreitet voran und macht neue Funde wahrscheinlich. Aus dieser Geschäftigkeit kann der Schluss gezogen werden, dass die Seidenraupenzucht mehr als ein Hobby war und Ulrichs tatsächlich versuchte, damit ein neues Standbein aufzubauen.

Schluss mit lustig

Zwischen 1874 und 1875 scheint etwas passiert zu sein. Es erscheinen keine weiteren Beiträge und auch keine Kleinanzeigen mehr. Ist ein Vogelschwarm in Ulrichs' Wohnung eingefallen und hat sich an den Raupen vergriffen? Ein Virus? Das Gewerbeaufsichtsamt? Ein Pfaff war's wahrscheinlich.

Lontal (Lonthal) ist ein Kaff, bestehend damals aus nur fünf Häusern im tiefsten Württemberg bei Stetten mit einer Kirche (auch noch St. Ulrich), der damals der katholische Pfarrer Alois Richter (1812–1885) vorstand, und weil er nichts zu tun hatte, züchtete auch er Seidenraupen, die er unter anderem von Herrn Ulrichs aus Stuttgart kaufte. Von Richters Raupen, die er auf Empfehlung Ulrichs' mit Buchenblättern fütterte, starb die Hälfte nach der vierten Häutung, vertrockneten schließlich viele Kokons und die Hälfte der geschlüpften Schmetterlinge waren »Krüppel«. Als Grund erkennt er klar, nur deutsche Eiche darf gefüttert werden und keine Buche à la Schwindel-Ulrichs. Er nennt die Ulrichs'sche Empfehlung wirklich »Schwindelei« und rät ab, weiter bei Ulrichs zu kaufen, seine Ware sei wertlos und er habe nicht termingerecht geliefert.

Normalerweise würden nun Gegendarstellungen, Rechtfertigungen, Beweiserhebungen und viel Geschimpfe folgen. Doch Ulrichs schweigt. Hat ihm der Pfarrer Alois Richter das Geschäft verdorben? Resignation? Oder blieb er doch noch eine Weile so dicke im Geweb-Gewerbe, dass ihn nicht störte, wenn da jemand an sein Bein pinkelte? Die Ulrichs'sche Seidenraupenforschung hat eben erst begonnen.

Exkurs: Nomenklatur nur für Hartgesottene

Ulrichs erklärte in seinem ersten Text: »Der Name Yam a may, schließlich bemerkt, ist durchaus unpassend, da diese japanesischen Worte auf deutsch nichts anderes heißen, als ›wilde Würmer‹, und in Japan nicht nur jede Waldraupe, sondern auch Regenwürmer, Engerlinge u. dergl. mit diesem Namen bezeichnet werden« (Ulrichs: Die Eichlaub fressende Seidenraupe Yam a may und ihre Züchtung in Württemberg, in: Gewerbeblatt aus Württemberg 23. Jg., 14.7.1872, Nr. 28, S. 298–300, hier 300). Das ist großer Unsinn. Der Regenwurm heißt auf Japanisch Mimizu, Engringuringu ist der Engerling und Kaiko die Japanische Seidenraupe. Insgesamt befinden wir uns in der Klasse der Insekten (*Insecta*) in der Ordnung der Schmetterlinge (*Lepidoptera*) und verzweigen uns dann in die zwei Familien der *Saturniidae* (Pfauenspinner) und *Bombycidae* (Echte Spinner).

Ulrichs verwendet verschiedene Raupen und nennt sie *Saturnia Yam a may* (in verschiedenen Schreibweisen), *Bombyx mori*, *Cynthia ricini*, *Perni* und *Attacus cecropia*. Die lateinischen Namen änderten sich im Laufe der vergangenen 150 Jahre mehrmals. Gleich geblieben ist *Bombyx mori*, der »echte« maulbeerbaumblattfressende Seidenspinner. *Cynthia ricini* heißt heute *Samia cynthia*. Die Gattung *Saturnia* hat sich über *Attacus* zum heutigen Namen *Antheraea* geändert und damit heißt der Japanische Eichenseidenspinner heute *Antheraea yamamai*. In diese Gattung gehört auch *Antheraea pernyi*, während *Attacus cecropia* heute *Hyalophora cecropia* heißt.

Im neu eröffneten Institut für Sexualwissenschaft von Magnus Hirschfeld wurden im Jahr 1919 ebenfalls Seidenspinner zum Zwecke der Gewinnung intersexueller Varianten gezüchtet. Die hierfür verwendeten waren *Attacus orizaba* (heute: *Rothschildia orizaba*) und *Actias luna* (gleich geblieben), beide aus der Familie *Saturniidae* (Institut für Sexualwissenschaft: Das erste Jahr, Berlin 1920, S. 13).

Was heißt nun eigentlich Yam-a-may? Es kommt vom japanischen Wort yamamayu und bedeutet Berg-Seidenraupenkokon. Ganz einfach eigentlich.

Unterbrochene Häutung

»Wie? Manuscript in der Hand?« »Ein Gedicht!« »Schon wieder Gedichte?
Nein! Mir fehlt es an Zeit, dein neues Gedicht zu bewundern!
Habe zu viel mit den Raupen zu thun.« Das sagt' ich dem Freunde
Gestern und athmete auf, als rasch er sich wieder entfernte.
Gott sei Dank, er ist fort! Euch, nie langweilige Raupen,
Silbergefleckt. Die zarter Smaragd so prächtig gefärbt hat,
Euch sucht gern mein Blick. Er versenkt sich in sinnendes Anschaun,
Wie mit gezacktem Gebiß ihr, Japans Kinder, das Eichblatt
Fressend vertilgt und das Laub germanischer Bäume zerknuspert,
Wie ihr wachst und gedeiht und die Haut, die gealterte, abwerft,
Wiedererscheinend in neuer Gestalt, wie schimmernd in Seide

Dann aus Fäden ein Haus ihr spinnt. Bisweilen beschleicht mich
Schon das Gefühl, als wär' ich sogar selbst Raupe geworden,
Oder ich sei doch nahe daran, es zu werden. Ich denke,
So wie mir war wohl vor Zeiten zu Sinn dem Philemon,
Den einst Zeus in den Baum umwandelte, oder der Baucis,
Als sie zu spüren begannen: Sie naht! Jetzt naht sie, die Wandlung!
Solchen Gedanken ergab ich mich heut. Auf's Polster im Schlafrock
Hatt' ich die Glieder gestreckt, der Verdauung Werk zu befördern,
Als sanftlockend ein Gott mich fesselte. Eh ich es ahnte,
Senktest du mich, Morpheus, in ein Mittagschläfchen. Und richtig:
Jetzo begann die zuvor schon leise geahnte Verwandlung.
Heiliger Ovid! Wie schrumpfte der Kopf und der Rücken zusammen!
Sechzehn Füße bekam ich sogleich, ward grün und begehrte
Eichlaubblätter zu kaun. Und ich kroch an den Zweig zu den Raupen.
Ich, der mager und dürr durch's hungrige Leben geschritten,
Fraß, wie jene; gedieh; ward fett; kurz, führte ein Leben,
Wie ich in Menschengestalt noch nie auf Erden gefunden.
Doch jetzt nahte die Zeit, das gealterte Häutchen zu werfen.
Frei war schon mein Kopf; schon fühlt' ich es reißen und platzen
Links an der Seite und rechts; lang streckt' ich mich aus; in der Hülle
Streckte ich noch mit dem Leib und den sechzehn zierlichen Füßchen.
Da durchfuhr mich ein Schall, der Lauf der begonnenen

Häutung
Wurde gehemmt. An der Thür klang's laut und vernehmlich; es klopfte.
Rasch war nun ich zurück in den menschlichen Körper gewandelt.
Drum, zweifüßig gemacht, nicht länger zerplatzt an der Seite,
Rief ich: »Herein!« und herein – trat er, beim Teufel, der Dichter,
Sein Manuscript in der Hand. Zu der Haut gleich fahr ich hinaus jetzt!
Leider es ging nicht mehr. Grad jetzt wär's wirklich geschehen,
Wäre ich noch bis jetzt das zerrissene Räupchen gewesen.
So war nirgend die Haut, wohl aber der alternde Schlafrock
Links an der Schulter geplatzt und der Faden der Näthe gerissen.
[Stuttgart; Mai, Juni 1873; Mai 1874]

Ulrichs: Auf Bienchens Flügeln

Seidenraupenbibliografie, Stand 29.4.2024

Ulrichs' Texte:

Karl Heinrich Ulrichs: Die Eichlaub fressende Seidenraupe Yam a may und ihre Züchtung in Württemberg, in: Gewerbeblatt aus Württemberg 23. Jg., 14.7.1872, Nr. 28, S. 298–300.

N.N. [wahrscheinlich Karl-Heinrich Ulrichs]: Züchtung der Yama-may-Seidenraupe in Württemberg, in: Polytechnisches Journal 205. Band, 1872, S. 280.

Karl Heinrich Ulrichs: Die Eichenlaub fressende Seidenraupe Yam-a-may und ihre Züchtung in Württemberg, in: Gewerbeblatt aus Württemberg 23. Jg., 29.9.1872, Nr. 39, S. 387–390.

Karl Heinrich Ulrichs: Die Eichenlaub fressende Yamamay-Seidenraupe und ihre Züchtung in Württemberg, in: Polytechnisches Journal 206. Band, 1872, S. 504.

Karl Heinrich Ulrichs: Die Eichenlaub fressende Seidenraupe Saturnia Yam-a-may, und deren zur Zucht geeignete gelbe Varietät, in: Gewerbeblatt aus Württemberg 24. Jg., 23.2.1873, Nr. 8, S. 91–92.

Die Eichlaub fressende Seidenraupe Winter-Yamamaya und deren Spätsommerzüchtung, in: Wochenblatt für Land- und Forstwirtschaft 30.8.1873, Nr. 35, S. 163–164.

Karl Heinrich Ulrichs: Die Eichenlaub fressende Yamamay-Seidenraupe und deren zur Zucht geeignete gelbe Varietät, in: Polytechnisches Journal 207. Band, 1873, S. 264.

Karl Heinrich Ulrichs: Die Eichenlaub fressende Seidenraupen aus China und Japan, in: Gewerbeblatt aus Württemberg 25. Jg., 24.5.1874, Nr. 21, S. 247–248.

Karl Heinrich Ulrichs: Die Eichlaub fressende Seidenraupen Yamamaya und Pernyi und deren Seide, in: Dinglers Polytechnisches Journal 212. Band, 1874, S. 253–254.

Karl Heinrich Ulrichs: Die Eichlaub fressenden Seidenraupen Yamamaya, Pernyi und Cecropia, in: Dinglers Polytechnisches Journal 212. Band, 1874, S. 438.

Karl-Heinrich Ulrichs: Die kaukasische Kardendistel-Seidenraupe und ihre Züchtung in Deutschland, in: Dinglers Polytechnisches Journal 213. Band, 1874, S. 535–536.

Karl-Heinrich Ulrichs: Zur Zucht der kaukasischen Kardendistel-Seidenraupe, in: Dinglers Polytechnisches Journal 214. Band, 1874, S. 260.

Karl Heinrich Ulrichs: Auf Bienchens Flügeln. Ein Flug um den Erdball in Epigrammen und poetischen Bildern, herausgegeben von Wolfram Setz (Bibliothek rosa Winkel, Band 73), Hamburg 2017, S. 154–156.

Besprechungen und Erwähnungen der Ulrichs'schen Seidenraupen:

N.N.: Die Eichenlaub fressende Seidenraupe, in: Palatina. Belletristisches Beiblatt zur Pfälzer Zeitung 4.3.1873, Nr. 27, S. 108.

F. Ohnesorge: Der Seidenbau und die Zucht des japanischen Eichenspinners, in: Unterhaltungs-Blatt zum Alzeyer Anzeigenblatt 1874, Nr. 39, S. 311–312.

Bulletin de la Société d'Acclimation 2. Jg., 1875, S. 322–323.

Alois Richter: Ueber die Aufzucht der japanischen Seidenraupen, in: Gewerbeblatt aus Württemberg 26. Jg., 31.1.1875, Nr. 5, S. 35–38.

Alois Richter: Ueber die Aufzucht der japanischen Seidenraupen, in: Dinglers Polytechnisches Journal 215. Band, 1875, S. 473–474.

Anzeigen:

- Eichlaubfressende Seidenraupen, Ulrichs Böblingerstraße 34, Stuttgart, in: Gewerbeblatt aus Württemberg 23. Jg., 21.7.1872, Nr. 29, S. 311.
- Verleger wird gesucht, Ulrichs Böblingerstraße 34, Stuttgart, in: Börsenblatt für den Deutschen Buchhandel und die mit ihm verwandten Geschäftszweige 22.7.1872, Nr. 168, S. 2708.
- Eichlaubfressende Seidenraupen, Ulrichs Böblingerstraße 34, Stuttgart, in: Gewerbeblatt aus Württemberg 23. Jg., 18.8.1872, Nr. 33, S. 343.
- Eichlaubfressende Seidenraupen, Ulrichs Böblingerstraße 34, Stuttgart, in: Gewerbeblatt aus Württemberg 23. Jg., 8.9.1872, Nr. 36, S. 367.
- Japanische Yam-a-may-Schmetterlinge, Ulrichs Böblingerstraße 34, Stuttgart, in: Gewerbeblatt aus Württemberg 23. Jg., 29.9.1872, Nr. 39, S. 391.

– Eichlaubfressende Seidenraupe Yama-may, Ulrichs Böblingerstraße 34, Stuttgart, in: Gewerbeblatt aus Württemberg 23. Jg., 13.10.1872, Nr. 41, S. 408.

– Eichlaubfressende Seidenraupe Yama-may, Ulrichs Böblingerstraße 34, Stuttgart, in: Gewerbeblatt aus Württemberg 23. Jg., 20.10.1872, Nr. 42, S. 415.

– Eichlaubfressende Seidenraupe Yama-may, Ulrichs Böblingerstraße 34, Stuttgart, in: Gewerbeblatt aus Württemberg 23. Jg., 27.10.1872, Nr. 43, S. 424.

– Eichlaubfressende Seidenraupe Yama-may, Ulrichs Böblingerstraße 34, Stuttgart, in: Gewerbeblatt aus Württemberg 23. Jg., Nr. 47, 24.11.1872, S. 464.

– Ankündigung, Ulrichs Silberburgstraße 102, Stuttgart, in: Gewerbeblatt aus Württemberg 24. Jg., 23.2.1873, Nr. 8, S. 95.

– Eichlaub fressende Seidenraupe »Winter Yamamaya«, Ulrichs Silberburgstraße 102, Stuttgart, in: Inseraten-Beilage zum Wochenblatt für Land- und Forstwirtschaft 25. Jg., 30.8.1873, Nr. 35, S. 1 + 2.

– Ankündigungen. Eichlaub fressende Seidenraupe »Winter-Yamamaya«, Ulrichs Silberburgstraße 102, Stuttgart, in: Gewerbeblatt aus Württemberg 24. Jg., 31.8.1873, Nr. 35, S. 360.

– Eichlaub fressende Seidenraupe »Winter-Yamamaya«, Ulrichs Silberburgstraße 102, Stuttgart, in: Gewerbeblatt aus Württemberg 24. Jg., 31.8.1873, Nr. 35, S. 368 [falsche Heftzählung, heftbedingt].

– Ankündigungen. Eichlaub fressende Seidenraupe »Winter-Yamamaya«, Ulrichs Silberburgstraße 102, Stuttgart, in: Gewerbeblatt aus Württemberg 24. Jg., 7.9.1873, Nr. 36, S. 375.

– Eichlaub fressende Seidenraupe, Ulrichs Silberburgstraße 102, Stuttgart, in: Kladderadatsch. Zweites Beiblatt zum Kladderadatsch 26. Jg., 7.9.1873, Nr. 41, [S. 2].

Heinz-Jürgen Voß

Karl Heinrich Ulrichs – Anschlusspunkte für queere Theoriebildung

Queer – im Sinne der Theorie und in Abgrenzung gegen den populären Gebrauch als Synonym für das Kürzel LSBTIQA* – stellt Identität insbesondere im Hinblick auf sexuelle Orientierung und geschlechtliche Identität radikal infrage. Queer Theory erreicht die Verunsicherung und Verflüssigung klar umrissener Kategorien, bisherige Gewissheiten werden hinterfragt und neue Möglichkeitsräume eröffnet (vgl. für einen guten Zugang: Woltersdorff, 2003). Queer Theory geht dabei auf eine Bewegungsgeschichte zurück und schließt an sie an. Solche in Bewegung entstehenden Queer Politics

> »versuchten, die randständigen Positionen der offiziellen Identitätspolitik ins Zentrum zu rücken. Queer entstand also als eine neue Form der Bündnispolitik von sehr unterschiedlichen gesellschaftlichen Außenseiterinnen und Außenseitern […]. Die Bezeichnung ›queer‹ wurde gewählt, weil dieses Schimpfwort im Englischen ziemlich unbestimmt alle diejenigen meint, die nicht in die Wertvorstellungen der moral majority passen. Die Selbstbezeichnung als ›queer‹ hatte, ähnlich wie bei den Wörtern ›Schwuler‹, ›Tunte‹, ›Lesbe‹, ›Krüppel‹, ›Kanake‹, ›Irrer‹, einen provokanten, kämpferischen Charakter. Es verstörte das Publikum, wenn sich die Diffamierten selbst so nannten,

> und es nahm der Verletzung die Schärfe und kehrte den Spieß um in die Richtung, aus der er kam.« (Ebd.: 915.)

Aus einer solchen Perspektive betrachtet, mag Karl Heinrich Ulrichs als »radikales Gegenstück« queerer Perspektiven gelten. Auf ihn gehen immerhin die ersten Begriffe für die männlichen und weiblichen »Homosexuellen« (in seinen Begriffen: »Urning« und »Urninde«) zurück – Volkmar Sigusch benannte Ulrichs gar als »erste(n) Schwule(n) der Weltgeschichte« (Sigusch, 2005), um dieser epistemischen Bedeutung Rechnung zu tragen. Ulrichs trägt dazu bei, Menschen, die gleichgeschlechtliche sexuelle Handlungen ausführen oder gleichgeschlechtlich begehren, als Gruppe zu fassen, ihre Sexualität zu naturalisieren und diese Menschen darüber als Subjekte zu identifizieren. Der Extrakt seiner wissenschaftlichen Reflexionen zeigt sich in dem folgenden Ausdruck:

> »Hiemit glaube ich denn durch wissenschaftliche Gründe den Beweis geführt zu haben: *Einer Klasse von männlich gebauten Individuen ist weibliche Geschlechtsliebe [..., also] mannmännliche Liebe, angeboren, und zwar in demselben Maße angeboren, wie dem Dioning Geschlechtsliebe zu Weibern und wie dem Weibe Geschlechtsliebe zu Männern angeboren ist.*« (Ulrichs II, Inclusa: S. 62)

Michel Foucault analysiert diesen Umbruch prägnant:

> »Der Homosexuelle des 19. Jahrhunderts ist zu einer Persönlichkeit geworden, die über eine Vergangenheit und eine Kindheit verfügt, einen Charakter, eine

> Lebensform, und die schließlich eine Morphologie mit indiskreter Anatomie und möglicherweise rätselhafter Physiologie besitzt. [...] Der Sodomit war ein Gestrauchelter, der Homosexuelle ist eine Spezies.« (Foucault, 1983 [1976]:58)

Gewiss ist, dass sich an die klare Identifikation des »Homosexuellen« eine umfassende Verfolgungsgeschichte anschließt, die ohne die Mitwirkung der »Homosexuellen« selbst, ihre »Bekenntnisse« und auch die Arbeiten Ulrichs', so nicht denkbar gewesen wäre. Die Identifikation und Festlegung von Menschen auf ihr gleichgeschlechtliches sexuelles Tun als eine Art »Sondernatur« ermöglicht umfassende biologische und medizinische Untersuchungen und Behandlungen – auch gegen den Willen der Personen – und begünstigt die juristische Strafverfolgung. Es geht vordergründig um eine vermeintlich klar begrenzbare Gruppe von Menschen – die entsprechend gut verfolgbar ist. Zülfukar Çetin und ich, gut begleitet von Salih Alexander Wolter, haben diese problematischen Aspekte umfassend in dem Buch »Schwule Sichtbarkeit – schwule Identität: Kritische Perspektiven« (Çetin & Voß, 2016) aufgearbeitet.[1]

Was nun spricht dafür, Karl Heinrich Ulrichs als Vordenker einer offenen, auf Selbstbestimmung im Hinblick

1) Durch diese klare Perspektive erhielten wir Drohungen aus dem, mittlerweile als rechtsextrem eingeordneten, Spektrum der ehemals feministischen Zeitschrift »Emma« und waren wir zentraler Anlass dafür, dass Patrick Henze-Lindhorst alias Patsy l'Amour laLove den Band »Beißreflexe« (laLove [Henze-Lindhorst], 2017) herausgegeben hat, mit besonderem Angriff auf trans*geschlechtliche Menschen (vgl. Voß, 2017).

auf das Geschlechtliche und Sexuelle orientierten – also queeren –, Perspektive zu würdigen?

»Es verstörte das Publikum, wenn sich die Diffamierten selbst so nannten, und es nahm der Verletzung die Schärfe.«

Karl Heinrich Ulrichs lebte in einer Zeit, in der das Sprechen über gleichgeschlechtlichen Sex noch kaum möglich war (vgl. Sigusch, 2000). Er wendete sich gegen Strafparagrafen, die in Preußen bestanden und die drohten, auf das gesamte – sich gerade gründende – Deutsche Reich ausgedehnt zu werden (vgl. Voß, 2013). Ulrichs opponierte gegen diese Entwicklungen und setzte sich – obwohl es ihm Nachteile einbrachte – für die Marginalisierten ein und bekannte sich selbst als »gleichgeschlechtlich begehrend«, was ihm wiederum inhaltlich Gegenwehr, aber auch persönliche Angriffe einbrachte (Sigusch, 2000:26ff). Ulrichs engagierte sich für die, »die nicht in die Wertvorstellungen der moral majority passen«, wie es Woltersdorff im Hinblick auf Queer Theory ausdrückt (Woltersdorff, 2003:915). Dafür nahm Ulrichs weitreichende berufliche Nachteile in Kauf und musste sich bei juristischen Kongressen beschimpfen lassen (vgl. Sigusch, 2000). Auch bei ihm, wie später bei den Aushandlungen der Marginalisierten im Kontext von Queer, war das »Publikum« verstört, da er als Diffamierter sich selbst und stolz bezeichnete und zu seinem gleichgeschlechtlichen sexuellen Interesse bekannte.

Die Hoffnung von Ulrichs ist ganz »modern«. Er hoffte auf die moderne Naturwissenschaft, die die »Natürlichkeit« gleichgeschlechtlichen sexuellen Interesses bezeugen würde: die »weibliche Seele« im »männlichen Körper« und andersrum. Das sich daran anschließend auch Pathologisierungen anschließen konnten, wie diejenigen, die Richard von Krafft-

Ebing vornahm (vgl. Sigusch, 2000:31ff.), hatte Ulrichs nicht im Blick – und konnte er wahrscheinlich auch nicht im Blick haben. Sein Verständnis zielte darauf, dass der Nachweis der »Natürlichkeit« – und damit verbundenen Unabänderlichkeit – des gleichgeschlechtlichen sexuellen Tuns, auch bedeuten müsste, dass die Strafbarkeit aufzuheben sei. Dass sich das Tun trotz der »Natürlichkeit« dennoch als »Störung«, als »Abweichung«, als »Degeneration« in der Erblichkeitslehre darstellen lassen könnte, hatte Ulrichs nicht erwartet. Vielmehr drückte er im Kontakt mit Krafft-Ebing seine Verwunderung darüber aus (ebd.). Volkmar Sigusch (2000) betont den Mut und in gewissem Maß die Selbstlosigkeit, die Ulrichs hatte. Und er kehrt hervor, dass Ulrichs die Abwertung von »Menschengruppen« insgesamt ablehnte. »So war für ihn selbstverständlich, daß alle Menschen, ob nun Juden, Katholiken oder Urninge, mit der gleichen Würde ausgestattet sind und dieselben Rechte zu beanspruchen haben. Es scheint so, als wäre er gegen die psychopolitischen Übel seines Jahrhunderts, Chauvinismus, Rassismus, Antisemitismus usw., gefeit gewesen. Kam er auf die Völker Europas zu sprechen, auf das, was sie trennt und eint, glaubt man – im heutigen Sinn – einen Europäer der ersten Stunde zu hören.« (Ebd.: 6.) Aus Ulrichs' Grundverständnis und seinem entschlossenen Tun für Marginalisierte, ergeben sich deutliche Anschlusspunkte auch für heutigen – nunmehr queeren, queer-feministischen – Aktivismus.

»anima muliebris virili copore inclusa« – ein »weiblicher Geist« in einem »männlichen Körper«

Dass jeder Mensch eine Mischung aus »weiblichen« und »männlichen« Anteilen sei, war im 19. Jahrhundert eine geläufige These (vgl. Herzer, 1998; Voß, 2011). Bei Wilhelm von Humboldt wird deutlich, wie weitreichend die Annahme der *dauerhaften Doppelgeschlechtlichkeit jedes Menschen* gemeint war. So schrieb er in seinem Aufsatz »Ueber die männliche und weibliche Form«, der 1795 in der Zeitschrift »Die Horen« erschien: »...reine Männlichkeit und Weiblichkeit auch nur aufzufinden, ist unendlich schwer, und in der Erfahrung schlechterdings unmöglich« (Humboldt 1959 [1795]: 81); an etwas späterer Stelle setzt er fort: »Von diesen beyden charakteristischen Merkmalen der menschlichen Gestalt, deren eigenthümliche Verschiedenheit in der Einheit des Ideals verschwindet, herrscht in jedem Geschlecht eins vorzugsweise, indes das andere nur nicht vermißt wird.« (Humboldt 1959:102)

Humboldt entwickelt Idealtypen »weiblich« und »männlich«, »reine Weiblichkeit« und »reine Männlichkeit«. Diese Idealtypen kämen beim Menschen niemals in dieser »Reinform« vor, vielmehr seien Menschen stets eine Mischung der geschlechtlichen Ideale.

Eine solche Perspektive, geschlechtliche Ideale zu beschreiben und sie als in der Wirklichkeit nicht vorkommend auszuweisen, wurde in der bisherigen Forschung oftmals für die Zeit um 1900 angeführt. Lediglich Manfred Herzer wies darauf hin, dass solche Vorstellungen um 1900 im Bildungsbürgertum bereits verbreitet waren und vermutete, dass sie um 1800 aufgekommen seien (Herzer 1998). Um 1900 waren sie dann weithin diskutiert, etwa bei Magnus Hirschfeld. Er führte aus: »Es kann nicht oft genug wiederholt werden, daß schon zufolge der Erbgesetze diese Grundtypen im Grunde nur Fiktionen sind und daß, wenn ein Satz zu Recht besteht, es dieser ist, daß der Mensch nicht Mann *oder* Weib sondern Mann *und* Weib ist.« (Hirschfeld 1984 [1923]:23;

Hervorhebungen im Original) In der »Geschlechtskunde« betonte Hirschfeld:

> »*Geschlechtsunterschiede sind Gradunterschiede.* Es handelt sich immer nur um ein mehr oder minder, um ein kleiner oder größer, stärker oder schwächer, immer nur um ein relativ, nicht absolut Verschiedenes, nie um etwas, was *nur* dem einen, nicht aber auch dem anderen Geschlecht zukäme. [...] Wer beiden Geschlechtern entstammt, [e]nthält beide Geschlechter vereint« (Hirschfeld 1926-1930: I,481; H.i.O.).

Auch Karl Heinrich Ulrichs bezieht sich auf Vorstellungen der »konstitutionellen Bisexualität«, indem er auch im Hinblick auf das sexuelle Begehren eine solche geschlechtliche Mischung annimmt. Er postuliert einen »weiblichen Geist« in einem »männlichen Körper« und sieht ihn bereits in der Kindheit der entsprechenden Kinder angelegt (vgl. Sigusch, 2000:54). Und von einer solchen Überzeugung lässt er sich auch nicht abbringen, auch wenn andere Vertreter – wie Adolf Brand – das anders sehen (ebd.). Brand versucht die Männlichkeit der »homosexuellen« Männer und ihre Vorliebe für »männliche« Männer zu betonen – anders als Ulrichs (Sedgwick, 1990: 133, 158; Sigusch, 2000; Halperin, 2012:468f.; Çetin & Voß, 2016:9ff.).

Ein queerer Anschluss an Karl Heinrich Ulrichs

Es wäre unredlich, Überlegungen darüber anzustellen, wofür sich Ulrichs heute ausgesprochen hätte. Heute haben wir eine Situation, in der geschlechtliche und sexuelle Selbstbestimmung gesellschaftlich intensiv verhandelt wird. Die Ansichten der möglichen »Geschlechterwandlung und

-mischung« – eine »weibliche Seele« in einem »männlichen Körper« –, die vorübergehend in den Hintergrund getreten waren (vgl. Voß, 2023), werden nun wieder in aller Offenheit diskutiert. Pönalisierungen durch das Recht treten zurück, Möglichkeiten des individuellen Erlebens der Menschen treten in den Vordergrund. Bei aller Vorsicht der Projektion: Das hätte Karl Heinrich Ulrichs gewiss gefreut. Ihm war wichtig, dass Menschen ihre selbstbestimmte Sexualität mit einem selbstbestimmten Anderen leben können, ohne Sanktionierung und ohne Zwang. Das entwickelt sich gerade. Allerdings in Grenzen klarer und fester Identität, die Ulrichs so nicht kannte. Diese Grenzen lassen sich – queer – heute diskutieren. Thomas Bauer schlägt als Perspektive vor, nachdem er sich im Abschnitt zuvor mit Tomaten beschäftigt hat:

»Beim Menschen sind die Verhältnisse naturgemäß etwas komplizierter. Aber auch hier sehen wir, dass die Untergliederung in Kästchen Vielfalt nicht fördert. Kästchenbildung wirkt nicht integrativ, sondern abschottend, trennend, segregierend. Sie führt mithin auch kaum zu Akzeptanz, sondern allenfalls zu Toleranz. […] Wollen wir darüber hinauskommen, müssen wir lernen, das Widersprüchliche, das Vage, das Vieldeutige, das Nichtzuzuordnende, das Nichklärbare als den Normalfall der menschlichen Existenz hinzunehmen, es mindestens zu achten, vielleicht sogar zu lieben.« (Bauer, 2018)

Es gilt, »das Widersprüchliche, das Vage, das Vieldeutige, das Nichtzuzuordnende, das Nichtklärbare« (ebd.) nicht nur zu akzeptieren, sondern zu lieben. Es geht darum, Raum für individuelle Perspektiven, Liebens- und sexuelle Umgangsweisen zu eröffnen. Das war etwas, was Ulrichs am Herzen lag und wofür er sich – trotz Nachteilen, die ihn bedrohten – einsetzte. Und hierfür ist er Beispiel.

Literatur:

Bauer, Thomas (2018): Die Vereindeutigung der Welt: Über den Verlust an Mehrdeutigkeit und Vielfalt. Ditzingen.

Çetin, Zülfukar; Voß, Heinz-Jürgen (2016): Schwule Sichtbarkeit – schwule Identität: Kritische Perspektiven. Gießen.

Foucault, Michel (1983 [1976]). Sexualität und Wahrheit, Bd. 1: Der Wille zum Wissen. Frankfurt am Main.

Halperin, David M. (2012): How to be gay. Harvard.

Herzer, Manfred (1998): Hirschfelds Utopie, Hirschfelds Religion und das dritte Geschlecht der Romantik. Ursprünglich erschienen in: Mitteilungen der Magnus-Hirschfeld-Gesellschaft, Nr. 28.

laLove, Patsy l'Amour [alias Henze-Lindhorst, Patrick] (2017, Hg.): Beißreflexe. Berlin.

Ulrichs, Karl H. (1994 [1864]). Forschungen über das Räthsel der-mannmännlichen Liebe. Neuausgabe in 4 Bänden. Berlin.

Voß, Heinz-Jürgen (2011): »Weiblichmännlich«, »männlichweiblich« – bisexuelle Konstitution als Basis »moderner« biologisch-medizinischer Geschlechtertheorien, in: Schneider, Martin / Diehl, Marc (Hg.): Gender, Queer und Fetisch: Konstruktion von Identität und Begehren. Hamburg, S.11-29.

Voß, Heinz-Jürgen (2017): Die Kritik in »Beißreflexe« hat keinen intellektuellen Biss, sondern will nur verletzen. Eine Auseinandersetzung mit dem aktuellen Diskussionsstand. Online: https://dasendedessex.de/die-kritik-beissreflexe-hat-keinen-intellektuellen-biss-sondern-nur-verletzen-eine-auseinandersetzung-mit-dem-aktuellen-diskussionsstand/ (Zugriff: 15.7.2024).

Woltersdorff, Volker (2003). Queer Theory und Queer Politics. In: Utopie kreativ, 2003, H. 156, 914-923.

Kevin Junk

Ich möchte ein Urning sein
Kevin Junk (*1989) liest Karl Heinrich Ulrichs (*1825)

In der Schule bin ich gefragt worden: Mit wem bist du schwul? Damals habe ich geantwortet: Ich kann auch alleine schwul sein. Jetzt würde ich sagen: Ich bin mit denen schwul, die mit mir schwul sein wollen. Ich bin mit denen schwul, die mit mir Homo sein wollen, ich bin mit denen Urning, die mit mir Undinge treiben wollen.

Wahre Qualen, schöne Männer

Auch Ulrichs fängt bei sich an. In einem Brief an seine Schwester erklärt er sich. Er erzählt ihr, dass er nicht erst in Berlin diese »neue Neigung« an sich entdeckte, sondern dass sie mit dem Eintritt in die Pubertät da war. Auf einem Ball, er ist schon älter, kann er nicht wegschauen: »Aber unter den Tänzern waren etwa zwölf junge, schön gewachsene und schön uniformierte Forstschüler.« Sein erster Crush: »Ich hätte ihnen sofort um den Hals fallen mögen.« Aber er kann sein Begehren nicht aussprechen, nicht danach handeln. Er ist verwirrt und einsam. »Als ich nach dem Ball zu Bett ging, erduldete ich auf meiner Schlafkammer im Willmann'schen Hause, einsam und von keinem Menschen gesehen, wahre Qualen, lediglich ergriffen von der Erinnerung an jene schönen jungen Männer.«

Eine Geschichte, die ich gut nachvollziehen kann. Es gibt in der Welt keine Deutungsangebote für das eigene Empfinden. Wie kann es sich dann realisieren? Niemals, also wird es zu einer nächtlichen Qual – und zur Einladung, neue Geschichten zu finden. Ulrichs bleibt die Erinnerung. Aber Ulrichs macht hier nicht halt. Er findet Erklärungsmodelle – und damit ist er im 19. Jahrhundert nicht alleine – in der griechischen Klassik. Ihre Neubetrachtung dient zur Erklärung der Gegenwart. Ulrichs war damit erfolgreich, denn der Urning blieb keine Privatangelegenheit. Der Begriff wird eine gemeinsame mythologische Grundlage: Urninge wurden auch für andere zum Begriff, weil sie Trost darin fanden und mehr noch: Anerkennung und Gemeinschaft.

Ich will ein Urning mit Update sein

Meine erste Begegnung mit Ulrichs fand in Büchern statt, obwohl auch er in Berlin lebte. Die Stadt ist ein Palimpsest queerer Geschichte, voller überlagerter Sedimente. Wir müssen nur lernen, sie zu lesen. Von Ulrichs über Hirschfeld, Charlotte von Mahlsdorf, die Polit-Tunten, den Sonntagsclub bis hin zu Sonntag im Club: Meine Begegnung mit Ulrichs ist nicht nur eine mit einer historischen Figur, sondern auch mit einem geistigen und örtlichen Nachbarn.

Ulrichs wird oft als Held dargestellt und manchmal als der erste Aktivist bezeichnet. Ich kenne die Schlagwörter aus seinem Leben: die Rede vor dem Juristentag, das erste Coming-out der Geschichte, seine Auseinandersetzungen mit Medizinern, die Emigration nach Italien. Sein Grab wird noch heute von Pilgern besucht.

Doch ich möchte Ulrichs als Mensch begegnen. Er war ein Mann, der Männer liebte, ein Nationalist, der ein Deutschland mit einer Rechtsprechung nach seinem Maßstab wollte.

Ulrichs war ein lebender, fühlender Mensch und keine historische Funktion, die in der Gleichung der Gegenwart aufgeht. Er war so wenig Aktivist im gegenwärtigen Sinne, wie er queer war, denn diese Begriffe entstanden erst nach ihm und meinen einen anderen kulturellen Kontext. Seine Sprache war ein Schritt, ein wichtiger Schritt. Sein Urningsbegriff mag uns heute unbeholfen oder aus der Zeit gefallen erscheinen, aber er war der Urknall unserer Selbstwahrnehmung – Teil einer Revolution, die uns bis heute bewegt.

Autofiktionale Typologie
Zuerst hatte ich keine Sprache für das, was ich für andere Menschen fühlte.

Dann fand ich schwul – als sich bei *Gute Zeiten, Schlechte Zeiten* das erste Männerpaar küsste, flippte meine Oma komplett aus. Nicht aus Freude. Das verstand ich. Aber sie war aufgeregt, als sie sagte: »Die gehören alle ins KZ!« – Ich war begeistert. Ich wusste nicht, was ein KZ ist. Aber die beiden küssenden Männer, die fand auch ich aufregend. Das hatte ich noch nie gesehen. Meiner Mutter hatte ich danach gleich erzählt, dass alle Schwulen ins KZ gehören. Sie hat mir nie gesagt, was »schwul« bedeutet, aber klar gemacht: Das sagt man nicht. Niemand gehört ins KZ. Manchmal sagt die Oma komische Sachen.

Dann fand ich homo – Ein Homo zu sein, das war irgendwie hot, weil es die Abwertung nahm und sie in was Positives umbaute. Ein Homo ist ein Homo, weil er sich selbst so nennt. Homo hat eine harte Poetik, wie ein harter Schwanz. Ein Homo ist ein Revolutionär. Ein Homo ist Selbstabwertung als Selbstüberhöhung. Ein Homo ist politisch.

Dann fand ich queer – war ich queer und gay gleichzeitig? Hier überlappt sich was. Queer jedenfalls kam aus zwei Notwendigkeiten dazu: Mein akademisches Selbstverständnis forderte, dass ich mehr als nur schwul war. Ich beschäftigte mich mit *queer theory*, nicht mit *gay theory*. Die zweite Notwendigkeit: die Mehrsprachigkeit der Großstadt. Queer und gay, irgendwie war das austauschbar. Die Bezeichnungen fransten aus, waren nicht mehr so wichtig. Was queer mit sich brachte: Ein neues Verhältnis zu Geschlecht. Männlichkeit? Lässt sich in Frage stellen.

Dann fand ich enby – von non-binär, oder n-b, die Buchstaben des Akronyms auf Englisch ausgesprochen. Wenn du mir sagst, du siehst einen Mann in mir, dann kann ich damit leben. Bin ich damit aber zufrieden? Ich dachte lange, das Unbehagen, das hat mit mir zu tun. Das geht nicht weg. Dafür gibt es keine Sprache. Bis mich eine trans maskuline befreundete Person nach meinen Pronomen fragte und ich sagte: er und they. Das non-binäre Pronomen they, oder eingedeutscht dey, fühlt sich an wie ein Pyjama, fühlt sich an wie ein Kleidungsstück, das so bequem ist, ich will es nie wieder ausziehen.

Was, wenn ich mir einen Begriff aus der Vergangenheit aneigne? Was, wenn ich ein Urning bin? Was, wenn ich Ulrichs nicht nur in Büchern, sondern auf der Straße begegnen würde? Würden wir uns in die Augen schauen und einander erkennen? Als Urninge, als Kinder der Aphrodite Urania? Ulrichs kann uns etwas über die Gegenwart beibringen, mehr noch: Er kann uns die Zukunft eröffnen.

Wir haben uns selbst geboren
Ulrichs spricht zu einer Zeit, in der es noch kein geeintes Deutschland gibt, sondern viele deutsche Länder. Ulrichs spricht zu einer Zeit, in der Preußen versucht, sich als Großmacht zu etablieren. Damit ging auch die Gefahr einher, dass die preußische Rechtsprechung auf ein geeintes Deutschland übertragen wird. Die sah für die widernatürliche Unzucht Zuchthaus vor, immerhin war die Todesstrafe bereits im 18. Jahrhundert abgeschafft worden. Die liberalere Rechtsprechung, wie sie nach der Französischen Revolution in Frankreich und nach und nach in einigen deutschen Ländern gängig wurde, schaffte es nicht ins Deutsche Kaiserreich. Stattdessen bekamen wir den Paragraphen 175, der vom Kaiserreich über die Weimarer Republik, über das Dritte Reich bis in die beiden Deutschlands der Nachkriegszeit hineinreichen würde.

Aber Ulrichs hatte eine Idee. Er formulierte als erster den Gedanken, dass wir aus unserem Begehren eine Identität machen können. Sie ist noch immer radikal. Aus dem Unsittlichen, das gegen die Werte der (bürgerlichen) Gesellschaft verstößt, das abgestraft werden muss und aus einer Minderwertigkeit herauskommt, wird eine Perversion, eine Verdrehung, aber eine natürliche Verdrehung.

Ulrichs gelingt ein poetisches Kunststück: Mit seinem Vokabular hebt er uns ins Kosmische. Als Urninge, dem Himmelsgott Uranos beziehungsweise der Aphrodite Urania verwandt, ist unser Eros der himmlische Eros. Als Kinder der Aphrodite Urania stehen wir für die Anziehung, die nicht auf den Körper gerichtet ist, sondern auf den Geist. Eine ziemliche Überhöhung, doch Ulrichs brauchte die Erhöhung, um sich abzugrenzen, um sich und seine Gemeinschaft der Urninge zu veredeln. Er ging in die Argumentation:

> »Darum bleibt mir nichts übrig, als an euren Verstand nachstehend mich zu wenden, als an euren nackten kalten Verstand mit nackten kalten Vernunftschlüssen heranzutreten. Euer Verstand steht mir zu Gebote. Verstand und Vernunftschlüsse sind ein gemeinsamer Boden euch und mir. Auf diesem Boden seid ihr Rede und Antwort mir schuldig.«

Damit passt Ulrichs ins 19. Jahrhundert mit seinen Erklärungen und Begriffen, mit seinem Bedürfnis, alles zu systematisieren und zu erfassen. Er argumentiert nicht nur auf der Ebene der Erfahrungen, denn er sagt, wir wissen niemals, was andere erfahren, aber er hebt die Debatte ins Rationale. Es gäbe keinen Grund, mannmännliches Begehren zu kriminalisieren.

> »Wenn ich den liebe, zu dem meine Natur mich hinzieht, so handle ich nicht naturwidrig. Wenn ich als Urning einen blühenden und schönen jungen Mann liebe, so handle ich nicht gegen die Natur.«

Ulrichs spricht hier aus Erfahrung, denn er hat selbst unter der moralischen und sittlichkeitssüchtigen Gesellschaft gelitten. Gerüchte um seine Affären beendeten seine berufliche Laufbahn, doch er machte daraus eine Karriere. Was hat er gesehen? Hatte Ulrichs Angst, dass eine Ausweitung der preußischen Rechtsprechung auf die liberaleren deutschen Länder eine Kriminalisierung von Sexualität zementieren würde? Wahrscheinlich, und er würde recht behalten.

Auch wenn er diesen Prozess nicht aufhalten konnte, hat er etwas anderes geschaffen: eine internationale Gemeinschaft. Seine Mythologie der Urninge, Urninden und Dioninge fand Anklang bei anderen, die sich zum ersten Mal gesehen fühlten. Ulrich fand Sprache für etwas, was durch das Benennen zum Ich und dann zu Gemeinschaft werden durfte.

Mich berührt, wie viele Menschen Ulrichs geschrieben haben, um zu teilen, dass sie sich von ihm und seinen Überlegungen gesehen fühlen. Er hat nicht nur eine Identität, er hat auch eine Gemeinschaft geschaffen. Sein Deutungsangebot der Realität war ein Argument gegen die Kriminalisierung, zugleich aber auch das Fundament für ein neues Selbstverständnis. Und was ist Selbstverständnis, wenn nicht die Einladung, mit anderen in Kontakt zu treten. Wenn du so bist wie ich, dann können wir zusammen sein. Dann haben wir gemeinsam eine Zukunft. Ulrichs scheiterte zwar daran, das Machtzentrum zu überzeugen, aber zugleich hatte seine Arbeit eine demokratische und solidarische Konsequenz. Können wir Urninge sein? Kann ich ein Urning sein?

Urninge als gemischtgeschlechtliche Wesen?

In seinen »Forschungen über das Räthsel der mannmännlichen Liebe« stellt Ulrichs fest:

> »Das Angeborensein mannmännlicher Liebe ist ein Angeborensein in dem Maße, daß das Individuum, dem sie angeboren ist, der Urning, in Folge dessen gar nicht vollständig Mann ist, sondern nur ›Quasi-Mann‹ oder ›Halbmann‹ genannt zu werden verdient.«

Der Halb-Mann, der Quasi-Mann, er ist nicht männlich

genug, auch wenn er dem vollen Manne in nichts nachsteht. Diese Abwertung unterwirft sich dem heterosexuellen bzw. dem vollmännlichen Dioning. Männlichkeit als (soldatische, nationale, bürgerliche) Norm bleibt intakt. Es sind Juristen, die überzeugt werden wollen, Männer, die über Männer urteilen. Ulrichs muss Urninge also zugleich überhöhen ?? (mythisch) und abwerten (sozial). Wenn wir uns Aphrodite Urania als die Namensgeberin der Urninge (und Urninden) anschauen, dann wird dieser Nebeneffekt der Selbstüberhöhung deutlich. Sie steht für die Liebe, für den Eros, der sich nach der Seele zehrt, den Geist begehrt, nicht etwa den Körper. Die Vergeistigung des Begehrens macht sie zugleich zu einem sterilen Begehren, einem Begehren, dass die körperliche Erotik ausschreibt. Zwei Männer, die einander körperlich begehren, die einander ins Fleisch greifen? Unmöglich. Die Männlichkeit bleibt intakt.

Wenn ich also ein Urning sein möchte, dann wähle ich eine klassizistische, mythologische Sprache. Das wirkt ansprechend, da das Mythische stets etwas Unbestimmtes birgt und Raum für Veränderung und Wachstum lässt. Wenn ich mich streng an Ulrichs' Konzept halte, finde ich mich nicht als »Quasi-Mann« oder halb-geschlechtliche Person wieder. Ich strebe danach, ein Urning zu sein, der nicht an das Mannsein gebunden ist, sondern einer, der sich jenseits von binärer Geschlechtlichkeit bewegt. Ein Urning kann als autonomer Mensch betrachtet werden, der selbstbestimmt ist und sich binären Kategorien entzieht. Ich wäre ungerecht, würde ich nicht anerkennen, dass Ulrichs' Konzept des »seelischen Hermaphroditismus« die Geschlechternormen herausfordert. Er löst Geschlechtergrenzen auf, verwischt sie, wenn auch auf einer inneren, seelischen Ebene, und eröffnet somit die Möglichkeit, dass es etwas jenseits von Mann und Frau gibt, dass die Grenzen verschwimmen und die Übergänge fließend sind. Doch für mich ist Geschlecht kein Spektrum zwischen zwei Polen, sondern eine dreidimensionale Sternenkarte mit komplexen Verflechtungen.

Ich will den Urning updaten. Den Urning für mich zu beanspruchen, heißt ihn in das 21. Jahrhundert einzuladen. Mit meinen Erfahrungen, mit allem, was ich gelernt habe, mit der Sprache, den Konzepten und dem Selbstbewusstsein, die in der Mitte des 19. Jahrhunderts noch nicht verfügbar waren. Den Urning in die Gegenwart einladen, heißt für mich auch, einen Begriff wiederzuentdecken, der sich der kollektiven Erinnerung entzieht. Wir hören nur noch sein Echo. Aber ich will das Echo verstärken.

Also will ich ein Urning sein

Die Gegenwart bietet mir viele Begriffe für meine Selbstbezeichnung. Zugleich sehe ich Konflikte zwischen Generationen, Positionen, Lagern. Für jüngere Menschen fühlt sich »schwul« nicht mehr zeitgemäß an, ältere Generationen wollen sich bei »queer« nicht mitgemeint fühlen, denn sie haben dafür gekämpft, dass sie schwul sind. Ein Dialog zwischen den beiden Positionen scheint schwer, weil beide über ein Ich-Konzept sprechen, und niemand will sich die eigene Identität nehmen oder vorschreiben lassen. In der Begegnung mit Ulrichs wird mir klar, dass es egal ist, wie ich mich bezeichne, weil mein Begehren und meine Geschlechtlichkeit immer die sprachliche Konstruktion einer inneren Erfahrung sind. Wir brauchen Begriffe für unser Begehren, unsere Geschlechtsidentität, für unsere romantische und sexuelle Verortung in der Welt, weil diese Erfahrungen immer soziale und geteilte

Erfahrung sind. Diese geteilte Erfahrung ist das Vehikel für eine Bewegung, für die gemeinsame Artikulation unserer Forderungen an Gemeinschaft und Gesellschaft, denn wir leben nicht in einem Umfeld, in dem sexuelle und romantische Abweichungen von der heteropatriarchalen Norm durchgehend akzeptiert werden. Wir müssen füreinander einstehen. Doch was passiert, wenn wir uns vereinzeln? Wenn wir nicht solidarisch sind? Dann lassen die Homos die trans Menschen hinter sich, dann bricht der Tuntenstreit aus. Solidarisch sein bedeutet aber, nicht nur für sich einzustehen, in der Hoffnung ein Stück vom Machtkuchen abzubekommen, sondern für alle einzustehen, die aufgrund von Sexualität oder Geschlechtszuweisungen unterdrückt werden. Niemand von uns ist frei, bis nicht alle befreit sind.

Ich frage mich, in welcher Welt würden wir leben, hätte Ulrichs Erfolg gehabt, hätte er verhindert, dass die Rechtsprechung sexuelle Handlungen zwischen Männer verbietet. Was, wenn die liberale Rechtsprechung Bestand gehabt hätte anstatt der soldatisch-preußischen Idee von Männlichkeit. Hätten wir dann einen Paragraf 175 gehabt? Mit seiner ganzen Geschichte vom Kaiserreich über das Dritte Reich bis in die grausame Kälte der BRD? Ulrichs hat es zu verhindern versucht.

Deswegen will ich ein Urning sein. Im Andenken an alle, die gestorben sind, die verhaftet wurden, die ermordet wurden, die hinweggerafft wurden, die sich das Leben genommen haben und denen das Leben genommen wurde, die nie Leben durften, die sich nie frei gefühlt haben. Der Urning zeigt mir, dass ich schwul, queer, enby sein kann – dass es für meine Erfahrung zwar keine Essenz gibt, aber dass Sprache eine

Technologie zur Herstellung von Gemeinschaften sein kann. Der Urning ist solidarisch. Der Urning ist eine der Geschichte entlehnte Utopie. Der Urning ist eine Erinnerung an die Zukunft.

Axel Schock

Postanschrift: Karl-Heinrich-Ulrichs-Platz

Es sind nicht immer die schönsten Orte, die seinen Namen tragen, aber immerhin wurden mittlerweile in sieben deutschen Städten Straßen und Plätze nach Karl Heinrich Ulrichs benannt.

Ehre, wem Ehre gebührt. Bundesverdienstkreuze sind schnell ans Revers geheftet, Ehrenbürgerschaften bestenfalls mit einem lebenslangen kostenlosen Nahverkehrsticket verbunden. Wer hingegen mit einem eigenen Straßennamen bedacht wird, soll nicht nur für seine Lebensleistung gewürdigt, sondern im kollektiven und kulturellen Gedächtnis der jeweiligen Stadt verankert werden.

»Durch ihre wiederholte praktische Nutzung sickern Straßennamen tief in das ›kommunikative Gedächtnis‹ von Bürgerinnen und Bürgern ein. Sie werden unbewusst internalisiert«, stellt der Deutschen Städtetag in seiner Handreichung »Straßennamen im Fokus einer veränderten Wertediskussion« fest (Deutscher Städtetag 2021).

Weil Straßennamen stets auch die Kultur, Weltanschauung und Herrschaftsverhältnisse einer bestimmten Zeit widerspiegeln, sind Umbenennungen nichts Ungewöhnliches. Der heutige Theodor-Heuss-Platz in Berlin-Charlottenburg etwa hieß zunächst Reichskanzlerplatz, wurde von 1933 bis 1947 in Adolf-Hitler-Platz umbenannt, bis der 1963 den aktuellen Namen erhielt. Derzeit gibt es vielerorts Bemühungen, dass insbesondere Verfechter des deutschen Kolonialismus wie etwa Gustav Nachtigal, Adolf Lüderitz und Carl Peters von den Straßenschildern verschwinden.

Das mag für alle jene ärgerlich sein, die dann ihre Visitenkarten und Ausweispapiere ändern müssen; dafür erhalten neue Personen eine wenigstens kleine Chance auf diese Form der Ehrung. Denn die Zahl der Umbenennungen bzw. Erstbenennungen in Neubaugebieten oder bislang namensloser Unorte ist überschaubar im Vergleich zu der stetig wachsenden Schar an historischen und zeitgenössischen Persönlichkeiten, die für straßenschildwürdig erachtet werden.

Wer letztlich aus den gemeinhin umfangreichen Vorschlagslisten zum Zuge kommt, entscheiden gewöhnlich spezielle Arbeitsgruppen in den Kommunalverwaltungen. Nach welchen Kriterien, bleibt den Städten und Gemeinden selbst überlassen. Konsens gibt es lediglich darüber, dass die Namensgeber wenigsten fünf Jahre tot sein sollten. Ausnahmen bestätigen diese Regel: Baden-Baden schenkte ihrem prominenten Bürger Tony Marshall zum 70. Geburtstag einen eigenen Weg und Steffi Graf wurde in Landshut bereits als 18-Jähriger eine Zufahrtsstraße zum Tennisplatz gewidmet.

Im Prinzip einig ist man sich beim Deutschen Städtetag auch, dass Frauennamen – weil derzeit deutlich unterrepräsentiert – bei der Auswahl priorisiert werden sollen. Wer weiß, ob ohne diese Vorgabe die geniale Micky-Maus-Übersetzerin Erika Fuchs (München), die Aktivistin und Autorin Audre Lorde oder die Silly-Front-Frau Tamara Danz (beide Berlin) überhaupt bzw. so schnell bedacht worden wären.

Es ist daher keineswegs selbstverständlich, dass dies bei Karl Heinrich Ulrichs gelungen ist. Magnus Hirschfeld mag mittlerweile der namentlich bekanntere Vorkämpfer der Homosexuellenemanzipation sein, immerhin trägt sogar eine Bundestiftung seinen Namen und 2018 wurde zu seinen Ehren gar eine Sonderbriefmarke veröffentlich (wenn auch ohne sein Porträt, sondern mit einfallslosen Geschlechtersymbolen dekoriert). Im öffentlichen Raum aber ist Karl Heinrich Ulrichs deutlich präsenter. Während nach Hirschfeld lediglich ein Uferabschnitt in Berlin umbenannt wurde und Straßen in Magdeburg und dem Brandenburgischen Lehnitz an den Sexualwissenschaftler erinnern, tragen inzwischen in sieben deutschen Städten Straßen und Plätze Ulrichs Namen. Dafür, dass Ulrichs nunmehr fast 130 Jahre tot ist und in Stadtverwaltungen nichts überstürzt geschieht, erfolgten diese Um- und Neubenennungen in einem erstaunlich kurzen Zeitraum.

München: »Herr Ulrichs erfüllt diese Kriterien nicht«

Den Auftakt machte München, also jene Stadt, in der Ulrichs 1867 auf dem Deutschen Juristentag in einer Rede die rechtliche Gleichstellung von Homosexuellen gefordert hatte. Ein 1993 gegründetes »Ulrichs Comitee« – unter Federführung von Wolfram Setz – hatte sich für eine Straßenbenennung zum 100. Geburtstag Ulrichs stark gemacht.

Der erste Anlauf wurde vom damaligen Münchner Oberbürgermeister Christian Ude (SPD) jedoch abgeblockt – mit durchaus fadenscheiniger Begründung: »Bei einer Straßenbenennung nach einer Person wird in erster Linie darauf geachtet, daß diese Person entweder in München gelebt hat oder aufgrund ihres Wirkens ein Bezug zu München besteht .... Herr Ulrichs ... erfüllt diese Kriterien nicht.« (Südwind

Einweihung des Karl-Heinrich-Ulrichs-Platzes in München 1998: Andreas Schwarzer (Bezirksausschuss, SPD), Alexander Miklósy, Bezirksausschuss, Rosa Liste), Thomas Niederbühl (Stadtrat, Rosa Liste) und Initiator Wolfram Setz (v.l.n.r.)
Foto: Horst Middelhoff

1996). Die historische Juristentag-Rede im Odeon-Theater fällt demnach nicht darunter. Von diesem Grundsatz werde nur abgewichen, wenn es sich um Persönlichkeiten handle, die für ihre herausragenden Leistungen weltweit Anerkennung und Ansehen genießen.

Doch dann wendete sich das politische Blatt und es ging plötzlich alles sehr schnell. Grund dafür war der erstmalige Einzug der Wähler:inneninitiative Rosa Liste in den Stadtrat bei der Kommunalwahl im Mai 1996 (Niederbühl 2024). Im Folgejahr wurde der Antrag eingebracht, den bislang namenlosen Platz, an dem die Holzstraße, Am Glockenbach,

Arndtstraße und Geyserstraße zusammentreffen, nach Karl Heinrich Ulrichs zu benennen. Auf der Stadtratssitzung am 22. Januar 1998 wurde die Sache besiegelt.

Erstmals in der Münchner Stadtgeschichte wurde damit ein Ort im Gedenken an eine homosexuelle Persönlichkeit benannt. »Für die Szene war dies ein Riesenereignis«, erinnert sich Stadtrat Thomas Niederbühl. Zudem war die Platzbenennung als erster sichtbarer Erfolg ihres Wirkens auch für die Rosa Liste von besonderer Bedeutung.

Im November 2005 wurde das Straßenschild durch eine erklärende Info-Tafel ergänzt:

> Karl Heinrich Ulrichs (1825-1895)
> Mit seinem öffentlichen Eintreten für die rechtseinheitliche Straffreiheit gleichgeschlechtlicher Beziehungen beim Deutschen Juristentag 1867 in München trug er wesentlich zur rechtlichen und gesellschaftlichen Gleichstellung Homosexueller bei.

Der Ulrichsplatz ist nicht nur fester Programmpunkt bei queeren Stadtführungen, er hat sich durch das Glockenbachfest und andere Festivitäten schnell im Stadtteil- und Communityleben verankert. Für ein wenig mehr Aufenthaltsqualität sorgt eine vom Gay Outdoor Club gestiftete Regenbogenbank.

Der Ort wie auch der Namensgeber selbst haben sich offenbar der Stadtgesellschaft schon soweit eingeprägt, dass auf einem Immobilienportal die Lage einer Eigentumswohnung im queeren Szenekiez nur leicht verklausuliert mit »Nähe Karl-Heinrich-Ulrichs-Platz« und dem einstigen »Wohnsitz des Queen-Sängers Freddie Mercury« umschrieben wird.

Auch in der CSU-Fraktion muss sich dann irgendwann der Name Ulrichs herumgesprochen haben. 2022 forderten der stellvertretende Fraktionsvorsitzende Prof. Dr. Hans Theiss und Stadtrat Thomas Schmid ein Denkmal für Karl Heinrich Ulrichs, das »in geeigneter Art und Weise (z. B. mit einer Büste inkl. erklärender Tafel)« am Karl-Heinrich-Ulrichs-Platz errichtet werden solle (Theiss 2022). Der Antrag wurde nach einer Prüfung durch eine für Gedenktafeln und Denkmäler zuständige Arbeitsgemeinschaft abgelehnt: Es herrsche Einvernehmen, »dass das Format eines Personendenkmals zunehmend als unzeitgemäß gesehen wird.« (Biebl 2022) Zeitgemäßere Formen der Geschichtsvermittlung seien hingegen »Kulturgeschichtspfade«. Gemeint sind damit Rundgänge durch die Stadtbezirke »entlang historisch bedeutsamer Orte, Ereignisse und Wirkungsstätten einzelner Münchner*innen«, die zu einem flächendeckenden Informationsnetz der Geschichte ausgebaut werden sollen. Letztlich sei davon auszugehen, »dass die Community durch die Platzbenennung bereits zufrieden gestellt wurde«, begründet das Kulturreferat der Stadt die Entscheidung.

Hannover: Eine Erschließungsstraße für Karl Heinrich Ulrichs

Während in München der lokale Bezug Ulrichs zur Stadt erst im zweiten Anlauf anerkannt und mit der Platzbenennung gewürdigt wurde, hatten es vergleichbare Initiativen in Frankfurt am Main, Stuttgart und Hannover etwas leichter. Denn dort war Ulrichs, wenn auch nur für jeweils einige Jahre, beheimatet oder, wie in Hannover, beruflich mit der Region verbunden. 1852 hatte Ulrichs sein Amtsassessorexamen in Hannover abgelegt und war dann als Gerichts-

Postanschrift: Karl-Heinrich-Ulrichs-Platz

Blick von der Rundestraße in die
Karl-Heinrichs-Ulrich-Straße Hannover
Foto: GeorgDerReisende/Wikimedia Commons

assessor beim Obergericht Hildesheim tätig. Als im November 1854 die Staatsanwaltschaft Ermittlungen gegen ihn aufnahm, da er Gerüchten zufolge »widernatürliche Wollust mit anderen Männern treibe«, bat Ulrichs das Königliche Justizministerium zu Hannover um seine Dienstentlassung.

Für den Stadtbezirksrat Mitte reichten diese Bezüge zur Stadt aus, um Karl Heinrich Ulrichs mit einer Straße zu bedenken. Lediglich ein Stadtrat sprach sich bei der Sitzung am 8. September 2003 dagegen aus. Wie gut, dass zu dieser Zeit gerade ein Areal in unmittelbarer Nähe des Hauptbahnhofs neu erschlossen wurde. »Aufgrund der jetzt begonnenen Bautätigkeiten in diesem Bereich wird für die eindeutige Zuordnung der Neubauten die Benennung der Erschließungsstraße erforderlich«, heißt es lapidar in der Begründung des Stadtratsbeschlusses. Nun führen also die an dem Durchgangsweg gelegenen Hotels und ein Ausbildungszentrum der Deutschen Bahn als Adresse Karl-Heinrich-Ulrichs-Straße.

Stuttgart: Ein Platz zum 120. Todestag

Anders als in Hannover war Ulrichs in Stuttgart 1870 bis 1880 tatsächlich auch Bürger der Stadt, zunächst in der Lindenstaße 10 (heute Kienestraße) und dann in der Silberburgstraße 102. In dieser Phase verfasste Ulrichs seine »Forschungen über das Räthsel der mannmännlichen Liebe«.

Anlässlich des 120. Todestages am 14. Juli 2015 wurde Ulrichs – allerdings in einer anderen Ecke der Stadt – ein Platz an der Kreuzung von Lehen- und Filderstraße gewidmet. Angeregt worden war die Würdigung vom Arbeitskreis LSBTTIQ, einem Zusammenschluss mehrerer Stuttgarter Gruppen und dem Arbeitskreis des in Gründung befindlichen Stadtmuseums. Politisch ermöglicht wurde die Benennung durch die grüne Gemeinderatsfraktion (Zinßer 2018).

Enthüllt wurde das neue Straßenschild durch den Bürgermeister Werner Wölfle (Bündnis 90/Die Grünen) und Christoph Michl vom Stuttgarter CSD-Verein (Neth 2018). Passenderweise formiert sich einige Jahre lang unweit des Platzes die CSD-Parade. An der Nordecke des ruhigen Platzes informiert eine Stele in deutscher und englischer Sprache über Leben und Werk Ulrichs. Drei Jahre nach der Einweihung wurde sie erstmals Opfer von Vandalismus und großflächig mit Farbe beschmiert. 2021 ließ sich Landes-

Postanschrift: Karl-Heinrich-Ulrichs-Platz

Ulrichs-Stele auf dem Karl-Heinrich-Ulrichsplatz in Stuttgart. Foto: Ott

politiker Manuel Hagel für ein Interview in der »Stuttgarter Zeitung« ausgerechnet neben dieser Gedenktafel fotografieren. Offenbar wollte er den durch seine Kolleg:innen von den Grünen ermöglichten Ort nicht den politischen Kontrahent:innen überlassen. »CDU-Fraktionschef setzt Zeichen gegen Schwulenhass« war denn auch das Sommergespräch überschrieben, in dem er seine Partei »zum Einsatz gegen Homophobie und Menschenhass« aufruft.

Die Stadtverordnete Eva Triantafillidou,
der Initiator der Platzbenennung Christian Setzepfand und
Frankfurts Bürgermeister Olaf Cunitz (v.l.n.r.)
Foto: privat

Postanschrift: Karl-Heinrich-Ulrichs-Platz

Frankfurt am Main: Späte Rehabilitation

Auch in Frankfurt am Main hat Ulrichs gelebt, und zwar von 1859 bis 1863. Der Grünen-Stadtrat und Stadtführer Christian Setzepfand hat sich mehrere Jahre für eine Platzbenennung an der Weißadlergasse 15 stark gemacht. Ein Ort, der weniger mit Ulrichs eigenen biografischen Stationen in der Stadt als mit der Homosexuellengeschichte Frankfurts verbunden ist. Denn das Quartier, in dem bis zur Zerstörung im Zweiten Weltkrieg die Rosengasse, die Rothekreuzgasse und das Citronengässchen verliefen, sei bis 1933 Treffpunkt der Frankfurter Homosexuellen gewesen, erläuterte Setzepfand (Gottwals 2018). In der Nähe liegt zudem das »Freie Deutsche Hochstift für Wissenschaften, Künste und allgemeine Bildung« und damit jene Institution, in der sich Ulrichs über längere Zeit stark engagierte, bis sie ihn 1864 »wegen der gegen ihn obschwebenden criminellen Verfolgung« aus ihren Reihen ausschloss. Wenige Monate zuvor war Ulrichs wegen des »Versuchs der widernatürlichen Unzucht« steckbrieflich gesucht worden.

Mag der Platz an der Weißadlergasse auch klein und unscheinbar sein, zumal im Vergleich zu dem als Gedenkstätte für die verfolgten Homosexuellen in Frankfurt gestalteten Klaus-Mann-Platz. Es ist zumindest so etwas wie eine späte Rehabilitation und Ehre Ulrichs. Eingeweiht wurde das Straßenschild mit einem Festakt 2015 symbolträchtig am 17. Mai, dem Internationalen Tag gegen Homophobie.

Bremen: Ein Fest für Karl Heinrich Ulrichs

Auch in Bremen ging die Straßenbenennung auf die Initiative einer einzelnen Person zurück. Dort hatte sich Dr.

Jörg Hutter, langjähriges Vorstandsmitglied des RAT & TAT-Zentrums, angeregt durch Wolfram Setz 1999 erstmals für eine solche Ehrung stark gemacht. Als Soziologe hatte er sich bereits zuvor wissenschaftlich intensiv mit Ulrichs' Kampf um Straffreiheit für »urnische Geschlechtsliebe« beschäftigt (Hutter 2024).

Karl Heinrich Ulrichs hat in Bremen zwar nie gelebt, aber er ist durch sein Engagement der Stadt direkt verbunden. Denn im Jahr 1867 wurde dem damaligen Bremer Theaterdirektor Friedrich Carl Feldtmann der Prozess gemacht, nachdem die Polizei durch einen Erpressungsversuch und Denunziation von dessen Verhältnis zu jungen Männern erfahren hatte. Feldtmann drohten mehrere Jahre Zuchthaus. (Hutter 1999) Um dies zu verhindern, ließ Ulrichs vor Prozessbeginn eine seiner Streitschriften in Bremen verteilen. Eine Aufklärungskampagne, die offenbar nicht ohne Wirkung blieb. Feldtmann wurde zwar nicht freigesprochen, doch statt zu Zuchthaus wurde er »lediglich« zu einem Jahr Gefängnis verurteilt. Für Ulrichs war das Urteil ein »Leuchtturmslicht«, zumal der zuständige Staatsanwalt öffentlich bedauerte, dass er eine Verurteilung Feldtmans fordern müsse.

Jörg Hutters Initiative stieß beim zuständigen Stadtteilparlament Beirat Mitte auf keinerlei Widerstand. Im Juni 2001, und damit nicht mehr rechtzeitig zu Ulrichs 175. Geburtstag im Jahr 2000, stimmten die Fraktionen von SPD, CDU, Bündnis90/DIE GRÜNEN und PDS einvernehmlich dem Antrag zu, einen bis dahin namenlosen Platz im Mündungsbereich von Wulwesstraße und Hohenpfad Ulrichsplatz zu nennen. »Mit dem Juristen Karl Heinrich Ulrichs besitzt die homosexuelle Bürgerrechtsbewegung eine in der Tat profilierte Persönlichkeit, die im Straßen-

Postanschrift: Karl-Heinrich-Ulrichs-Platz

Einweihung des Karl-Heinrich-Ulrichplatzes in Bremen
mit Christine Wischer, Senatorin für Bau und Umwelt,
Jörg Hutter und der Schauspielerin Susanne Sternberg (v.l.n.r.)
Foto: Rat&Tat-Zentrum für queeres Leben e.V.

benennungsverfahren grundsätzlich Berücksichtigung finden sollte«, heißt es in der gutachterlichen Stellungnahme, die das Bremer Staatsarchiv abgegeben hatte.

Die offizielle Enthüllung des Straßenschilds wurde am 31. August 2002 mit einem großen Straßenfest gefeiert (PLÜ 2002).

18 Jahre später gab es dann wieder einen Grund zum Feiern, denn zum Fahrplanwechsel der Bremer Straßenbahn AG am 28. März 2020 wurde nun auch die Haltestelle

Wulwesstraße zu Ulrichsplatz umbenannt. Spätestens mit diesem Verwaltungsakt ist die neue Ortsbezeichnung fest im öffentlichen Bewusstsein verankert.

Aurich: Ein Parkplatz für den Sohn der Stadt

In Aurich ist man davon noch weit entfernt – und Melly Doden deshalb auch ziemlich frustriert. Die Aktivistin organisiert nicht nur mehr oder weniger im Alleingang die regionalen Christopher-Street-Day Paraden, ihr gelang es auch die Stadtoberen dazu zu bewegen, Karl Heinrich Ulrichs in Aurich zu ehren. Dass die ostfriesische Kleinstadt einen solch prominenten Sohn hat – er wurde auf Gut Wersterfeld bei Aurich geboren –, erfuhr Melly Doden erst durch die Straßenbenennung in Hannover, worauf sie die Petition »Eine Straße für Karl« ins Leben rief. (Doden 2024) Der damalige Bürgermeister Heinz-Werner Windhorst zeigte sich gegenüber dem Wunsch nach einer Straßenbenennung aufgeschlossen, und so konnte auch schon im Rahmen des ersten Auricher CSD in Anwesenheit der damaligen Sozialministerin Cornelia Rundt die Einweihung des Karl-Heinrich-Ulrich-Platzes gefeiert werden. Ein Ort unmittelbar an der B 72, der bislang vor allem als Park- und Festplatz genutzt wurde und noch keinen offiziellen Namen trug. Nun hat er zwar einen, aber ihn verwendet kaum jemand. Wenn die Schausteller auf ihren Plakaten oder selbst der Verkehrsverein auf seiner Webseite Oster- oder Herbstmarkt ankündigen, wird der Veranstaltungsort zumeist immer noch mit den eingeführten Umschreibungen bezeichneten, als »Platz neben der Sparkassen Arena« oder »Am Alten Bahnhof – neben der Arena«. Aber eben nicht: Karl-Heinrich-Ulrichs-Platz. Und dabei haben sich die queeren Initiator:in-

Postanschrift: Karl-Heinrich-Ulrichs-Platz

Karl-Heinrich-Ulrichs-Platz Aurich Foto: Matthias Süßen/ Wikimedia Commons, Creative Commons CC BY-SA 4.0

nen auch eine liebevolle Kurzbezeichnung – KHU-Platz (gesprochen Kuhplatz) – ausgedacht.

Frustriert durch die letztlich nur halbherzige Würdigung Ulrichs' wurde von der queeren Community anlässlich des 7. CSD Aurichs eine Gedenktafel am Platz aufgestellt, um über das schlichte Straßenschild hinaus über Ulrichs und seine Verdienste zu informieren.

Vielleicht rückt der nunmehr offizielle Name des Platzes etwas mehr ins öffentliche Bewusstsein, wenn dort – so die Planung – in einigen Jahren ein zentraler Busbahnhof entsteht. Es sei denn, die Verkehrsbetriebe bleiben so konservativ wie die Kirmesbetreiber und benennen ihre Endstation »ZOB an der Sparkassen Arena«.

Berlin: Umbenennung in zwei Etappen

Auffällig bisher: Nach Ulrichs wurden ausnahmslos namenlose Orte benannt. Wie langwierig die Umbenennung einer Straße sein kann, konnte man in Berlin erleben.

Da hatte die Alternative Liste bereits 1983 erfolglos beantragt, der von Schöneberg nach Tiergarten führenden Einemstraße einen neuen Namen zu geben. Diese war 1934 nach dem Generaloberst und preußischen Kriegsminister Karl von Einem, einem demokratiefeindlichen Wegbereiter des Nationalsozialismus, benannt worden. Der hatte nicht nur das Massaker an den Hereros gefeiert, sondern im Reichstag explizit die Vernichtung homosexueller Männer gefordert.

Was also lag näher, als die Straße inmitten des Berliner »Regenbogenkiezes« zu Ehren des Vorkämpfers für die rechtliche Gleichstellung von Homosexuellen umzubenennen?

Eine entsprechende Initiative, die 2009 vom Rechtsanwalt Dirk Siegfried und dem Aktivisten Gerhard Hoffmann gestartet und einem Dutzend Organisationen und Institutionen unterstützt wurde, führte vergleichsweise schnell zum Erfolg. Bereits am 15. Dezember 2012 verabschiedete die Bezirksverordnetenversammlung von Tempelhof-Schöneberg die Umbenennung.

Doch kaum beschlossen, wurde auch schon geklagt. Die Einem-Straße liegt nicht vollständig im Bezirk Tempelhof-Schöneberg, sondern zu einem Teil im Bezirk Tiergarten, und dort stieß sich eine Anwohnerin daran, dass der neue Name nicht der einer Frau sei und die Wahl des Namens-

Postanschrift: Karl-Heinrich-Ulrichs-Platz

Umbenennung der Berliner Einemstraße
Foto: © Jörg Steinert – LSVD Berlin-Brandenburg

gebers von vornherein festgestanden habe. (BLZ 2016)

Tatsächlich haben die Berliner Bezirke beschlossen, dass bei Straßenbenennungen bis auf Weiteres Frauen verstärkt bedacht werden sollen. Denn von den mehr als 10.000 Straßen Berlins waren zu diesem Zeitpunkt kaum mehr als 500 nach Frauen benannt worden. Sabine Weißer, als Grünen-Stadträtin von Mitte auch für das Straßenamt zuständig, wies bei einer Gerichtsverhandlung 2016 den Einwand zurück. Frauen sollten in der Tat vorrangig bei der Straßenbenennung bedacht werden, aber nicht ausschließlich. Zudem sei der Vorschlag, die Straße nach Ulrichs zu benennen, aus der Schwulenszene im Bezirk Tempelhof-Schöneberg gekommen. »Ich finde den Namen für ein Quartier, in dem der Christopher-Street-Day für Berlin erfunden wurde, wirklich angemessen.«

Diese Argumente scheinen die Anwohnerin überzeugt zu haben. Sie zog ihre Klage zurück – und nunmehr trägt die ehemalige Einemstraße dies- und jenseits der Bezirksgrenze Ulrichs Namen. Am 17. Dezember 2013 hatte lediglich das Schöneberger Teilstück mit einem kleinen Festakt umbenannt werden können (LSVD 2013).

Mittlerweile wird Karl Heinrich Ulrichs in allen Städten, die mit seinem Leben und Wirken verbunden sind, geehrt – sei es durch Straßen und Plätze, die seinen Namen tragen, sei es durch Gedenktafeln wie etwa an seinem einstigen Göttinger Wohnhaus am Markt Nr. 5, in Burgdorf, wo er sich 1856 als Anwalt niedergelassen hatte oder am ehemaligen Gerichtsgebäude Hildesheim, wo 1854 gegen ihn das Ermittlungsverfahren aufgenommen wurde. Selbst im italienischen L'Aquila, seinem letzten Lebensort, wird mit der Piazzale Karl Heinrich Ulrichs an den deutschen Emigranten erinnert.

Literatur

Biebl, Anton (2022): Denkmal für Karl Heinrich Ulrichs. Ohne Datum. (Antwortschreiben des Kulturreferenten der Landeshauptstadt München an die Stadtratsfraktion der CSU mit FREIE WÄHLER)

BLZ (2016): »Berlin-Tiergarten: Einemstraße wird zur Karl-Heinrich-Ulrichs-Straße«. In: Berliner Zeitung, 02. Dezember 2016. https://www.berliner-zeitung.de/mensch-metropole/berlin-tiergarten-einemstrasse-wird-zur-karl-heinrich-ulrichs-strasse-li.22882 [Zugriff 31.07.2024].

Deutscher Städtetag (2021): Straßennamen im Fokus einer veränderten Wertediskussion Handreichung des Deutschen Städte-

Postanschrift: Karl-Heinrich-Ulrichs-Platz

Grabplatte von Karl Heinrich Ulrichs
auf dem Cimitero monumentale dell'Aquila
neben dem Mausoleum seines letzten Gastgebers,
Niccolò Persichetti.
Foto: Hermi200/Wikimedia Commons,
Creative Commons CC0 1.0

tages zur Aufstellung eines Kriterienkataloges zur Straßenbenennung, S. 6.

Doden, Melly (2024): Interview des Autors mit Melly Doden am 10. Mai 2024.

Gedziorowski, Lukas (2015): Späte Ehre für einen Schwulen. In: Journal Frankfurt, 07.05.2015. https://www.journal-frankfurt.de/journal_news/Kultur-9/Karl-Heinrich-Ulrichs-Ausstellung-im-Goethe-Haus-Spaete-Ehre-fuer-einen-Schwulen-24395.html [Zugriff 31.07.2024].

Gottwals, Gernot (2018): Späte Ehre für einen mutigen Mann. In: Frankfurter Neue Presse, 17.12.2018. https://www.fnp.de/frankfurt/spaete-ehre-einen-mutigen-mann-10720074.html [Zugriff 31.07.2024].

Hutter, Jörg (1999): Start des Befreiungskampfes. Karl Heinrich

Ulrichs bekannte sich schon im vorletzten Jahrhundert zu seinem Schwulsein. In: die taz Bremen, 26. Juni 1999, S. 32.

Hutter, Jörg (2024): Interview des Autors mit Jörg Hutter am 29. April 2024.

LSVD (2013): Umbenennung der Einemstraße in Karl-Heinrich-Ulrichs-Straße. Ohne Datum. https://berlin.lsvd.de/neuigkeiten/umbenennung-der-einemstrase-in-karl-heinrich-ulrichs-strase/ [Zugriff 31.07.2024].

Neth, Sybille (2018): Ein revolutionärer Denker ist Namenspatron für den Ulrichs-Platz. In: Stuttgarter Zeitung, 09. Juli 2019. https://www.stuttgarter-zeitung.de/inhalt.ulrichsplatz-im-stuttgarter-sueden-erhaelt-eine-stele-ein-revolutionaerer-denker-ist-namenspatron-fuer-den-ulrichs-platz.0f4f57f6-2720-44ae-8106-3a4ce38f9565.html [Zugriff 31.07.2024].

Niederbühl, Thomas 2024): Interview des Autors mit Thomas Niederbühl am 18. Mai 2024.

PLÜ (2002): Schwul wird selbstverständlich. In: die taz, 22. Juni 2002, S. 29.

Südwind (1996): (dr): Keine »Karl-Heinrich-Ulrichs-Straße«. In: Südwind Nr.1/96, S. 9.

Theis, Hans und Schmidt, Thomas (2022): Denkmal für Karl Heinrich Ulrichs. Antrag der CSU-FW-Fraktion im Stadtrat München vom 14.07.2022.

Zinßer, Andreas (2018): Stuttgart hat jetzt einen Karl-Heinrich-Ulrichs-Platz. In: queer.de, 15. Juli 2018. https://www.queer.de/detail.php?article_id=24201 [Zugriff 31.07.2024].

Anhang:

Sappho und Sokrates
von Th. Ramien
(d.i. Magnus Hirschfeld)
(1896)

Sappho und Sokrates

oder

Wie erklärt sich die Liebe der Männer und Frauen zu Personen des eigenen Geschlechts?

von

Dr. med. Th. Ramien

Arzt in Berlin

Das Weltbild, welches bei Juristen und Politikern und dasjenige, welches in den Köpfen aufgeklärter Naturforscher vorherrscht, stellt sich so grundverschieden dar, als ob sie nicht Zeitgenossen, sondern durch eine Kluft von Jahrhunderten von einander getrennt wären.

PROF. VARGHA, Abschaffung der Strafknechtschaft, Graz 1896

Was natürlich ist, kann nicht unmoralisch sein.

FRIEDRICH NIETZSCHE

Das eigentliche Studium der Menschheit ist der Mensch.

GOETHE.

Vorwort

Soeben hatte ich in der Morgenzeitung die Mitteilung gelesen, daß tags zuvor in H. ein Lieutenant von X. nach seinem Hochzeitsmahl – wie man annimmt in einem Anfall von Geistesstörung – durch einen wohlgezielten Schuß ins Herz seinem Leben ein Ende gemacht hatte, als mir der Postbote einen Brief überbrachte, welcher die Aufzeichnungen dieses Unglücklichen enthielt. Er hatte vor einigen Jahren in meiner Behandlung gestanden und übersandte mir, da ich außer seinen Leidensgenossen der einzige Mitwisser seines Geschicks war, die Geschichte seines Lebens mit der Bitte, sie dereinst zu veröffentlichen, ohne daß die Reinheit seines Familiennamens einen Flecken erführe.

»Ich hatte nicht die Kraft«, bemerkte er in dem Begleitschreiben, »meinen Eltern, die mich, ihr einziges Kind, seit Jahren zur Ehe mit einer Jugendfreundin drängten, gegen die an sich nicht das mindeste einzuwenden war, die Wahrheit zu gestehen. Sie würden mich ja doch nimmer verstanden haben. Mögen die braven Leute es nie erfahren, was mir schier das Herz abdrücken wollte. Nehmen Sie diesen Aufschrei eines Elenden, die Rechtfertigung meiner That, und zugleich die Ehrenrettung zahlreicher Menschen, die gleich mir unter einem doppelten Fluch, dem der Natur und dem des Gesetzes ihr Leben dahinschleppen. Möglich, daß auch meine Stimme, wie die besserer Sachwalter, ungehört verhallen wird. Der Gedanke, daß sie dazu beitragen könnte, daß auch das deutsche Vaterland über uns gerechter denkt, verschönt meine Sterbestunde.«

Mit tiefer Wehmut las ich die erschütternden Mitteilungen des jungen Offiziers, eines Opfers menschlichen

Unverstandes. Er hatte ein Doppeldasein geführt, eins allen sichtbar, indem er allgemein beliebt, hochgeehrt, wissenschaftlich und künstlerisch tief gebildet als ein tadelloser Charakter durchs Leben schritt, und ein zweites, wo sein ganzes Nervensystem die Sinnenlust durchschauerte, voller Schwäche und Reue, in Angst und Qual mit Matrosen und Kraftmenschen, die er über alles liebte, in den niedersten Hafenkneipen halbe Nächte verbringend. Er hatte sich in ihre Interessen, ihre Sprache so eingelebt, daß niemand dort seine Herkunft ahnte, so wenig wie seine Standesgenossen je von diesem Verkehr in den Tiefen der menschlichen Gesellschaft Kenntnis erhielten.

Ist diese Doppelexistenz vereinzelt oder ist dieses Leben in zwei Welten, der öffentlichen und der sexuellen mit starken individuellen Abweichungen das vieler Männer und Frauen?

Indem wir uns vorbehalten auf die Geschichte unseres Patienten zurückzukommen, giebt uns der Fall Veranlassung zur wissenschaftlichen Erörterung einer Frage, welche das größte Interesse der Allgemeinheit erheischt und gebieterisch nach einer gerechteren Lösung der Gesetzgebung drängt.

Berlin, Juli 1896

Dr. R.

I.

Es ist eine eigenartige Erscheinung, mit der wir uns als einmal gegeben abfinden müssen, daß die sinnliche Liebe nicht ausschließlich an das entgegengesetzte Geschlecht gebunden ist. Wenn wir bisher die Gründe dieser Thatsache nicht verstanden, ja wenn sie anders gearteten geradezu Grauen einzuflößen vermag, so ist doch kein Zweifel heutigentags mehr zulässig, daß es eine ansehnliche Anzahl von Männern und Frauen giebt, in allen Zeiten, bei allen Völkern und allerorts gegeben hat, die nicht zum anderen, sondern zu Mitgliedern des eigenen Geschlechts in *wahrhafter Liebe* entbrennen.

Nicht von grobsinnlicher Leidenschaftlichkeit ist hier die Rede, sondern von reiner, echter, begeisternder Liebe, jenem unergründlichen Gefühl höchsten Erdenglücks, das die Dichter in seinem göttlichen Zauber so schwärmerisch schildern, jenem Zustande, wo im Wachen und Träumen der Gegenstand der Liebe uns beherrscht, den wir mit Eifersucht bewachen, dessen Anblick und Berührung beseeligt, eine elementare Empfindung, d*ie man sich nicht geben und nehmen kann*, stets verknüpft mit dem Bestreben, dem Geliebten wohlgefällig zu sein, dem Wunsch nach Besitz und der Sehnsucht nach Gegenliebe.

Daß die Liebe zum eigenen wie die zum anderen Geschlecht zur Prostitution, ja in Einzelfällen zu widerwärtigen Ausschreitungen und Verirrungen führen kann, hat mit dem erhabenen Charakter dieser Empfindungen an sich nichts zu thun.

Es kommt eine dritte Gruppe hinzu, welche das Verständnis dieser Frage sehr erschwerte, indem sie freiwillige Auswahl vorspiegelte, Personen, die für beide Geschlechter in verschiedener oder auch gleicher Stärke empfinden können. Man nennt sie *seelische Zwitter* oder *geistige Hermaphroditen*, und ihre Menge dürfte nicht gering sein.

Bei dem dichten Schleier, der geheimnisvoll das Geschlechtsleben des Menschen umgiebt, entzieht es sich jeglicher Berechnung, in welchem Zahlenverhältnis diese drei Menschenklassen zu einander stehen. Auf keinem Gebiet werden soviel Unwahrheiten, Entstellungen, Übertreibungen, Selbsttäuschungen gesprochen, wie auf diesem so tiefinnerlichen, und *alle Untersuchungen und Schätzungen selbst namhafter Forscher sind gänzlich unzuverlässige Vermutungen.*

Ist schon der Charakter, die *Qualität* des Geschlechtstriebs keine einheitliche, so ist seine Stärke, die *Quantität* noch um vieles verschiedener. Es giebt Individuen mit garnicht vorhandenen geschlechtlichen Begehren (Anästhesia sexualis), bis zu solchen, deren ganzes Sein, Sinnen und Trachten von ihrer Geschlechtssphäre beherrscht wird (Brunst, Bestialität, Hyperästhesia sexualis). Wenn Casper vor Jahrzehnten, als man sich diesem Winkel der Wissenschaft zuerst näherte, meinte, *der Geschlechtstrieb gehöre zu den beherrschbaren*, so ist dieser Satz in seiner Allgemeinheit entschieden *ein Irrtum.* Inwieweit der Drang zu beeinflussen oder zu unterdrücken ist, hängt ganz von seiner Quantität ab. Wir können hier eine Skala entsprechend der Windstärke von 1 bis 10 aufstellen, wobei 1 die vollkommenste Gleichgültigkeit, 10 orkanartige Sinnenlust bezeichnen würde. Unser Schema müsste demnach lauten:

I. Trieb-Richtung oder Liebesqualität

A	Drang zum anderen Geschlecht
B	Drang zum eigenen Geschlecht
A+B oder C	Drang zu beiden Geschlechtern

II. Triebstärke oder Liebesquantität

scheinbarer Mangel (unmerkliches Rudiment)	= 1	*schwach* / unbeeinflußbar
fast gleichgültig	=2	
kalt	= 3	
kühl	= 4	*normal* / durch Übung, Schönung, Erziehung, Suggestion beeinflußbar.
lau	= 5	
warm	= 6	
sehr warm	= 7	
heiß	= 8	*stark* / ununterdrückbar (schwer oder nicht zu beherrschen)
leidenschaftlich	= 9	
wilde Gier	= 10	

Wir würden demnach beispielsweise einen Mann, der nur für Frauen empfinden kann, und zwar leidenschaftlich, unter A9, eine Frau, die nur für Frauen fühlt, und zwar auch für diese nur kühl, unter B4 zu rubrizieren haben. Zwitter, die zu beiden Geschlechtern in mittlerem Grade neigen, hätten wir mit A5 + B5, und solche, die dem anderen Geschlecht nur wenig, ihrem eigenen in wilder Begierde zugethan sind, mit A3 + B9 zu bezeichnen.

Aus dieser Einteilung erhellt *die unermeßliche Mannigfaltigkeit der Geschlechtsneigungen*. Bedenken wir zudem die endlose

Verschiedenheit der Geschmacksrichtungen, wonach dem einen blonde, dem andern dunkle, jenem starke, diesem zarte, dem glatte, jenem behaarte Menschen interessieren, diesem ein zierlicher Fuß, dem andern ein seelenvolles Auge, dem uniformierte, jenem nackte Personen sympathisch sind, so läßt es sich verstehen, daß kaum zwei Personen gleiches Empfinden haben, und sich *ein dritter oft schwer in das Liebesverlangen eines anderen hineinversetzen kann.*

Wenn der ausschließliche Zweck der Liebe die Erhaltung der Art, der *Trieb sich in ähnlichen Wesen fortzusetzen*, ist, so muß uns in der That der auf Mitglieder des eigenen Geschlechts gerichtete Empfindungsinstinkt als etwas vollkommen Sinnloses erscheinen. Daß die Liebe die Fortdauer des Menschengeschlechts *bedingt*, ist zweifellos, allein die Geschlechter suchen den Verkehr *selten in der bewußten Absicht Kinder zu erzeugen*, sondern vielmehr in der Verfolgung eines übermächtigen Dranges, der die Zeit der Befruchtungsmöglichkeit oft weit überdauert, ja sehr häufig sind ihnen »die Folgen der Liebe« geradezu unerwünscht. Die Fortpflanzung ist eine Wirkung, aber ganz und gar nicht die Ursache der Liebe. Auch in Deutschland, wo wir noch nicht das französische Zweikindersystem haben, können die vierten, fünften oder gar sechsten Kinder fast sicher sein, daß die Gewißheit ihrer Entstehung den Eltern unwillkommen war; mit allen möglichen Schutzmaßregeln sucht man die Absicht der Natur zu vereiteln, die Zahl der unzeitigen Geburten übersteigt die der ausgetragenen bei weitem, und hunderttausenden von Müttern kann der Vorwurf nicht erspart bleiben, daß sie es nicht ohne Absicht an der erforderlichen Schonung fehlen ließen. In dieser Furcht vor Fortpflanzung haben einige Forscher sogar die Hauptursache der gleichgeschlechtlichen Liebe erblicken wollen. Das ist weit gefehlt. Die wirkliche Liebe ist nie ein Akt des freien Willens, und es gereicht im Gegenteil die Unmöglichkeit, eine Familie zu gründen, sich der Nachkommenschaft zu erfreuen, ganz homogenen (ὁμός gleich, γένος Geschlecht) Personen (nicht den hermaphroditischen) zur tiefen Bekümmernis.

Wie können wir uns denn aber diese auf den ersten Blick so sonderbar erscheinende Naturerscheinung der sinnlichen Liebe zum eigenen Geschlecht erklären, deren allgemeine örtliche und zeitliche Ausbreitung, wie sich Schopenhauer ausdrückte, beweist, *daß sie der menschlichen Natur entspringen muß*?

Den Schlüssel giebt die Entwickelungsgeschichte.

Die menschliche Frucht im Mutterleib ist bis zum Ende des dritten Monats wie die niedersten Organismen während ihrer ganzen Lebensdauer vollkommen ungeschlechtlich (oder besser zweigeschlechtlich). Es ist bis zu dieser Zeit unmöglich zu unterscheiden, ob das betreffende Individuum ein Knabe oder ein Mädchen werden soll. Analog dem undifferenzierten äußeren Geschlechtscharakter muß auch *das geistige Centrum der Geschlechtsempfindungen ursprünglich einheitlich sein* nach dem entwickelungsgeschichtlichen Grundgesetzt, *daß mit jedem Organ eine entsprechende Funktion und Idee in wechselseitiger Abhängigkeit verknüpft ist.* Würde die Frucht bereits im zweiten Monat etwas wie Liebe empfinden können, so müßte diese alle Wesen, d. h. beide Geschlechter, in gleicher Weise umfassen. *In der Uranlage sind alle Menschen körperlich und seelisch Zwitter.*

Woher es kommt, daß die eine Frucht sich plötzlich in männlicher, die andere in weiblicher Richtung entwickelt, ist ein Rätsel, dessen Lösung viel versucht, bisher jedoch noch nicht gelungen ist. Wir wissen, daß durch Verkümmerung einiger und Erstarkung anderer Partien ein und derselben Zellenmasse nach einem bestimmten, zum Teil recht komplizierten Bildungsschema die Geschlechtsdrüsen eines Mädchens oder eines Knaben deutlicher und immer deutlicher hervortreten. Doch ist es der Lupe des Forschers sehr wohl möglich, *die Reste der ursprünglichen Zwitteranlage bis in das späteste Alter nachzuweisen.* Jeder Mann behält seine verkümmerte Gebärmutter, den Uterus masculinus, die überflüssigen Brustwarzen, jede Frau ihre zwecklosen Nebenhoden und Samenstränge bis zum Tode.

Es kann uns bei dem *verwickelten anatomischen Bau* der Geschlechtsorgane nicht Wunder nehmen, daß der unbekannten Schaffenskraft ihr schwieriges Werk nicht immer bis in alle Einzelheiten gelingt, *ja daß in keiner Region des menschlichen Körpers Abweichungen von der normalen Bildungsweise so häufig vorkommen, wie in dieser.* In stärkerem oder geringerem Maße mißrät die Formung des äußeren Genitalapparates oft und führt dann zu unvollkommener Gestaltung einzelner Teile (Spaltbildungen der Harnröhre, Epispadie, Uterus bicornis, bipartitus) zu fast gänzlichem Mangel wichtiger Organe wie der Gebärmutter, sowie zu den wahren und falschen körperlichen Zwitterbildungen in ihren mannigfachen Variationen.

Auch die seelischen Centralstellen der Geschlechtsempfindung, wo auch im Hirn und Rückenmark ihre Bahnen verlaufen mögen, *müssen ihre anfängliche Neutralität aufgeben* und sich entscheiden. Die Regel ist, daß mit der *Entwickelung der Außenteile in männlicher Richtung das Triebcentrum zum Weibe erstarkt, während mit der Bildung der weiblichen Geschlechtscharaktere die Neigungsfasern zum Manne sich entwickeln, beide Male wie ein sehnendes Verlangen nach dem einst innegehabten, verloren gegangenen Besitz.* Wir dürfen aber mit aller Bestimmtheit annehmen, daß auch hier *Residuen des zum Untergang bestimmten Triebes zurückbleiben, gleich der verkümmerten*

Gebärmutter des Mannes. Sobald es geglückt sein wird, den Geschlechtstrieb genau in seinem ganzen Verlauf zu lokalisieren, wird auch die Auffindung dieser Reste der ursprünglichen Zwitterbildung nicht lange auf sich warten lassen.

Wie im peripherischen bleiben auch im centralen Abschnitt der Geschlechtssphäre Unvollkommenheiten, Störungen, mangelhafte Exemplare nicht aus. Ihre Erkennung ist deshalb so ungemein schwierig, weil sie in das dunkle Gebiet jener Entwickelungsfehler fallen, die sich bei der Geburt durch keinerlei greifbare Abnormitäten verraten, und erst im späteren Leben als Änderungen der Funktion hervortreten. Denn wenn auch vor der Pubertät selbstunbewußt Äußerungen des Geschlechtstriebs vorkommen, so wird doch im allgemeinen erst in der Reifezeit das bis dahin unparteiische Centralorgan in deutlicher Weise für sexuelle Vorstellungen und Gefühle aufnahmefähig. Moll, dem wir die beste Naturgeschichte des Urnings verdanken, will sogar beobachtet haben, »daß bis zur vollständigen Ausbildung der Geschlechtsteile eine gewisse Hermaphrodisie häufiger ist« (Conträre Sexualempfindung S. 154), und bereits 1834 wies August Hermann Niemeyer in seinen Grundsätzen der Erziehung und des Unterrichts vom pädagogischen Gesichtspunkt darauf hin, daß die Neigung gewisser Knaben zu anderen – und natürlich auch Mädchen zu anderen – mitunter entschieden sexuellen Charakter zu tragen scheine, welcher später mehr und mehr schwinde. Jedenfalls spricht vieles dafür, daß die *endgültige Differenzierung des Triebs erst mit dem Stimmwechsel, der Behaarung und den zahlreichen anderen sekundären Charakteren der Geschlechtsreife eintritt.*

Vom Standpunkt der Entwickelungsgeschichte können wir nun sechs Möglichkeiten der Triebregulierung in Betracht ziehen:

1.

Es entwickeln sich männliche Außenformen.
Der auf den Mann gerichtete Instinkt verkümmert.
Mit dem Schwund der weiblichen Genitalanlage erstarkt zugleich der Drang zum Weibe

weibliebende - normale - Männer.

2.

Die weiblichen Fortpflanzungsorgane bilden sich unter Rückbildung der für Frauen fühlenden Nerven.
Andrerseits tritt unter Verkrüppelung der männlichen Außenteile der Trieb zum Manne hervor

mannliebende - normale - Frauen.

3.

Die peripheren Geschlechtsorgane entwickeln sich in männlicher Richtung.
Dagegen fällt die Differenzierung der Neigungsbahnen unvollkommen aus.
Männer mit Neigung zu beiden Geschlechtern

männliche Seelenzwitter.

4.

Die Geschlechtsdrüsen formen sich weiblich.
Die Triebcentren bleiben auf mehr oder weniger hermaphroditischer Stufe stehen.
Frauen mit Neigung zu beiden Geschlechtern

weibliche Seelenzwitter.

5.

Trotz männlicher Genitalien gehen die Neigungsfasern zum Manne nicht zurück.

Hingegen verkümmert mit dem Verbinden der weiblichen Geschlechtscharaktere der Trieb zum Weibe

mannliebende Männer, Urninge.

6.

Es bilden sich weibliche Sexualorgane und auf das Weib gerichtete Centralstellen, während mit dem Rückgang der männlichen Außenteile der Trieb zum Manne verschwindet

weibliebende Frauen, Urninginnen.

Diese sechs Entstehungsmöglichkeiten lassen sich in drei Gruppen zusammenfassen.

A. Mit der Bildung des einen Geschlechts entwickelt sich der Trieb zum anderen

normaler Geschlechtstrieb.

B. Die Differenzierung der Geschlechtsneigungen fällt unvollkommen aus

Seelenzwittertum.

C. Mit der Bildung des einen Geschlechts geht der Trieb zum andern verloren

verkehrter Geschlechtstrieb, conträre Sexualempfindung,

homosexuelle oder homogene Veranlagung.

So kommen wir auf dem Wege der Entwickelungsgeschichtlichen Deduktion zu derselben Einteilung, wie sie uns eine tausendjährige Erfahrung lehrte. Genauer betrachtet sind aber diese Qualitätsunterschiede lediglich quantitativer Natur, wie folgendes Schema unter Zugrundelegung der oben aufgeteilten Scala der Triebstärke leicht erläutert.

I. Der volle Mann und das volle Weib.

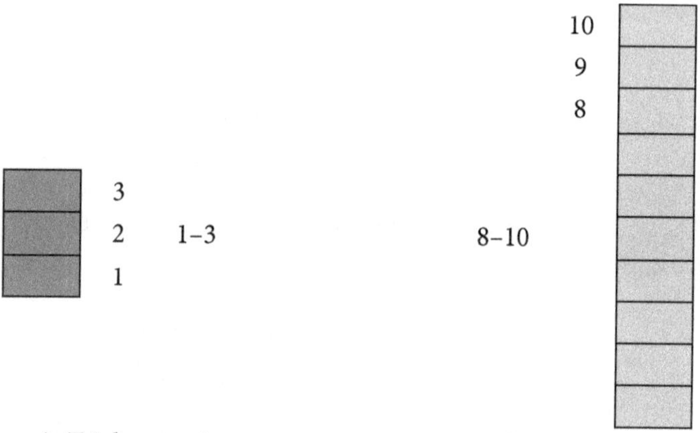

A. Trieb zum eigenen Geschlecht rudimentär bis schwach

(unterhalb der Schwelle der Beeinflussungsmöglichkeit).

B. Trieb zum anderen Geschlecht stark entwickelt

(nicht unterdrückbar.)

II. Der geistige Hermaphrodit, Seelenzwitter.

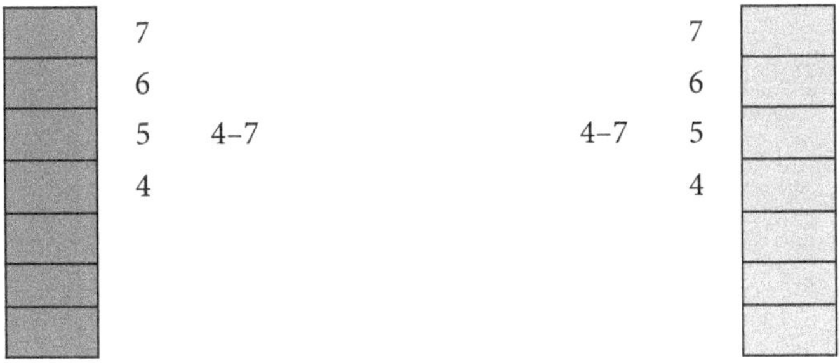

A. Trieb zum eigenen Geschlecht in Mittelstärke.

B. Trieb zum anderen Geschlecht in Mittelstärke

(durch Übung, Schonung, Erziehung, Suggestion etc. beeinflußbar)

III. Der volle Urning.

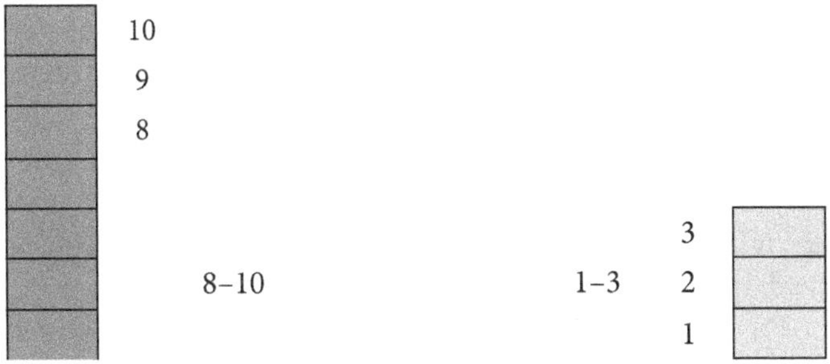

A. Trieb zum eigenen Geschlecht voll entwickelt

B. Trieb zum anderen Geschlecht rudimentär

(nicht oder wenig beeinflußbar)

Wenn wir davon ausgehen, woran ein Zweifel naturwissenschaftlich nicht möglich ist, daß die Anlage jedes Individuums eine zwitterhafte ist und der seelische Drang ursprünglich beide Geschlechter in gleicher Stärke umfasste, so ist es wohl wahrscheinlich, *daß die Absicht sich fortzupflanzen, sich der Kinder zu erfreuen, die Menschen bewogen hat, die Liebe zum andern Geschlecht zu bethätigen, entsprechend der durch göttliche Autorität verstärkten Suggestion: »seid fruchtbar und mehret Euch«*. Nach dem Darwin'schen Grundsatz von dem Siege des Zweckmäßigen – survival of the fittest – *erstarkte die fleißig geübte Anlage – Übung macht den Meister – und befestigte sich immer tiefer durch tausendjährige Vererbung, während der mit gutem Recht vernachlässigte Trieb zum eigenen Geschlecht verkümmerte*, genau so wie die ungeübten Muskeln der Ohrmuschel, mit denen wir das Ohr einst ebenso bedecken und schützen konnten, wie mit den Augenlidern die Augen.

Somit haben wir es bei den Abweichungen vom normalen Trieb nicht mit einer Krankheit im gewöhnlichen Sinn zu thun, sondern mit einer *angeborenen Mißbildung*, welche anderen Hemmungen der Evolution, der Hasenscharte, dem Wolfsrachen, der Epispadie, der geteilten Gebärmutter, dem Nabelbruch etc. gleichartig an die Seite zu setzen ist.

Diesen Spaltbildungen dürfte auch histologisch die conträre Sexualempfindung am nächsten stehen. Daher kann der mit ihr behaftete natürlich ebensowenig *lasterhaft* oder *strafwürdig* erscheinen als der Träger einer *Hasenscharte.*

Ob dieser Geburtsfehler in einer mangelhaften Beschaffenheit oder ungenügenden Bildungsthätigkeit der beiden kombinierten Keimstoffe, in ungünstigen räumlichen Verhältnissen oder schlechter Ernährung seinen letzten Grund hat, entzieht sich bisher der Berurteilung. Wir wissen nur, dass kongenitale Mißbildungen dieser Art mit Vorliebe dort aufzutreten pflegen, wo das *zur Verarbeitung gelangende Rohmaterial von Hause aus nicht erster Güte war.* Trunksucht, Mattigkeit, Syphilis, Nervenschwäche elterlicherseits belasten die Keime zweifellos schädlich. Auch die Häufigkeit des verkehrten Triebs bei Abkömmlingen von Blutsverwandtenehen findet in einer unglückseligen Minderwertigkeit der im Tiegel der Zeugung sich mischenden Keimzellen ihre Erklärung, welche letztere bekanntermaßen in zahlreichen Abnormitäten, Taubstummheit, Nachtblindheit, Idiotie, verbrecherischer Neigung etc. hervortritt. Abgesehen von der zweifellosen Schwächung durch Inzucht darf hier eine mögliche Verdopplung bei den verwandten Vorfahren kaum merklicher Rudimente nicht außer Acht gelassen werden.

II.

Entzieht sich der Trieb zum eigenen Geschlecht demnach völlig dem freien Willen, so ist es eine weitere Frage von hoher Wichtigkeit, inwieweit seine Bethätigung beeinflußbar ist. Es hängt das ganz von der Quantität ab. Den kalt veranlagten ist Keuschheit keine Kunst. Tilly, der Weiberfeind, und Cornelia, die Schwester Goethes, von der ihr Bruder sagte: »in ihrem Wesen lag nicht die mindeste Sinnlichkeit« (Wahrheit und Dichtung Buch XVIII) hatten es wohl leicht, Sittenreinheit zu bewahren. Ob die Liebe zum eigenen Geschlecht, wie viele Autoren annehmen, im allgemeinen stärker und frühzeitiger auftritt, wie die zum anderen ist schwer zu entscheiden, doch nicht sehr wahrscheinlich. Sicher ist, daß sie oft mit unbezähmbarer Leidenschaftlichkeit nach Bethätigung drängt. »In der Betätigung ihres Geschlechtstriebs«, sagt Krafft-Ebing, »steht die Mehrzahl der Urninge unter einem physischen Zwang« (Psychopathia sexualis S. 389) und in einem anderen Werke (Der Conträrsexuelle vor dem Strafrichter S. 7) erklärt derselbe Forscher: »Die homosexuelle Empfindung kann zeitweise sich so heftig Befriedigung erzwingen, daß *Beherrschung unmöglich* wird, umsoweniger als die Befriedigung als wohlthätig, nötig und natürlich empfunden wird«. Ja hervorragende Fachmänner vertreten die Ansicht, daß eine erzwungene Abstinenz unter Umständen bei Urningen eben so wie bei normal Gearteten zu Gemüts- und Nervenkrankheiten führen kann (Krafft-Ebing Ps. s. S. 242), wie denn schon Eduard von Hartmann in seiner Philosophie des Unbewußten darauf hinweist, *daß die Nichtbefriedigung eines Triebs für das betreffende Individuum ein größeres Übel sei, wie die maßvolle Befriedigung.* Jedenfalls sind hier unendliche individuelle Verschiedenheiten vorhanden, und im Einzelfall entscheiden zu wollen, ob der Trieb, sei es in der normalen, sei es in anormaler Gestaltung beherrscht werden konnte, erscheint geradezu unmöglich.

Es ist auch nicht möglich, eine Art des Triebes, die gar nicht oder nur ganz unmerklich vorhanden ist, *künstlich hervorzurufen.* Bei *vollkommener Atrophie* ist ein plötzliches *Entstehen gänzlich ausgeschlossen.* Wohl kann eine vorhandene seelische Anlage durch Erziehung, Übung, Beispiel, Verführung und Suggestion *erstarken*, wir können schlummernde Triebe wecken, wofern ihr Keim eine gewisse Höhe erreicht hat, *doch nie neue erzeugen.* Der Geschlechtstrieb haftet sich *unausrottbar* der werdenden Zellenmasse an. Wenn irgendwo, so gilt hier Horaz': Naturam furca expellas tamen usque recurret (mit der Heugabel magst du die Natur herausjagen, immer wieder kehrt sie zurück). *Deshalb sind wir im Gegensatz zu Frh. v. Krafft-Ebing, dem auf diesem Gebiet so hochverdienten Autor, der Meinung, daß es Fälle erworbener conträrer Sexualempfindung nicht giebt.* Die Beschriebenen betreffen ausnahmslos seelische Zwitter, bei denen allerlei Umstände, das bisher ihnen selbst unbekannte *Neigungsrudiment quantitativ* veränderten. Das Bewußtwerden eines Triebs darf nicht mit seinem Auftreten verwechselt werden. Es giebt sehr viele Frauen, denen erst nach ihrer Verheiratung klar wurde, daß sie eigentlich zum eigenen Geschlecht empfanden. Es wäre am besten, man ließe den Unterschied zwischen angeborener und erworbener conträrer Sexualempfindung, wie ihn ein Autor vom anderen übernimmt, vollkommen fallen. Selbst Krafft-Ebing hebt hervor, daß ohne das prädisponierende Moment der Belastung weder Onanie noch eine beliebige andere Ursache jemals zu conträrer Sexualempfindung führen könne. Er giebt damit zu, daß der angeborene Faktor unentbehrlich ist. Aus nichts wird nichts. Das »Erwerben« ist lediglich ein Manifestwerden, ein Erwachen des Triebs ganz analog den Dingen, die zu Äußerungen des normalen Triebs führen. Allerdings bliebe hier lieber Goethes Rat:

> Was du ererbt von deinen Vätern hast,
> Erwirb es, um es zu besitzen

unbefolgt. Die Möglichkeit ist an sich nicht ausgeschlossen, daß es ausgesprochene seelische Zwitter giebt, deren conträre Seite zeitlebens ihnen und anderen völlig verborgen bleibt, allein die geschlechtliche Erregbarkeit eines Menschen durch ein Mitglied desselben Geschlechts beweist ohne weiteres das Vorhandensein eines angeborenen Triebs, *das Ererben muß dem Erwerben voraufgehen.* Eine Urzeugung (generatio spontanea) giebt es auch auf seelischem Gebiet nicht. An dem vollen Mann und der vollen Frau prallen alle Verführungsreize ab, sie sind unverwundbar und bleiben unversehrt. Wer kein musikalisches Gehör besitzt, mag noch so fleißig üben, er bleibt ein Stümper sein Leben lang. Binet, der große französische Psychologe, meinte, daß der geschlechtlich undifferenzierte Drang seine Richtung zu dem eigenen oder anderen Geschlecht nehme, je nachdem der erstmalige sexuelle Erregungsvorgang durch die Berührung eines männlichen oder weiblichen Individuums ausgelöst würde, die Wiederholung des Vorkommens befestige die Association. Aber auch er fügt weise einschränkend hinzu, daß solche Vorkommnisse *nur bei prädisponierten Individuen möglich seien.*

Für die große Menge seelischer Zwitter ist heutigentags leider an auslösenden Momenten des verkehrten Triebs kein Mangel. *Bei ihnen käme alles darauf an, die Richtung zum eigenen Geschlecht durch Nichterregung zur Verkümmerung, die zum anderen durch verständige Reizung zum Wachsen zu bringen.* Die Trainierung, die Gewöhnung und Erziehung, die Umgebung, die Schule des Lebens von früh an spielt bei den psychischen Hermaphroditen die Hauptrolle. Leider beeinflussen zur Zeit eine große Reihe von Gelegenheitsursachen die Stärke des Geschlechtsinstinkts in ungünstiger Weise. *Die so streng durchgeführte Absonderung der beiden Geschlechter muß auf die Zwitter verderblich wirken.* Ist man doch gerade in Deutschland auf dem besten Wege, jeglichen freundschaftlichen Umgang zwischen unverheirateten Herren und Damen mit scheelen, mißtrauischen Augen zu beargwöhnen. »Es könnte darüber gesprochen werden«, heißt es, und so wird dem viel gefährlicheren *gleichgeschlechtlichen Freundschaftsenthusiasmus* der jungen Welt Thür und Thor geöffnet. Die Töchterschulen und Mädchenpensionate, die Kadettenhäuser und Seminarien, die Schiffe und Kasernen, *alle diese Heimstätten überschwänglicher Freundschaften sind zugleich die Brutstätten der conträren Sexualempfindung.* Sie entfalten eine ähnliche Wirksamkeit, wie die griechischen Palästren und Gymnasien, in denen die heranwachsende Jugend unbekleidet Leibesübungen pflegte, wie der innige Verkehr zwischen den Lehrern und Schülern in Hellas, welche beide häufig zur Erklärung der antiken Jünglingsliebe herangezogen werden. Ob übrigens im klassischen Altertum die seelische und sinnliche Liebe des Sokrates und der Sappho zum eigenen Geschlecht wirklich so viel *verbreiteter* oder lediglich *unverhüllter* war, wie in der Gegenwart, ist durchaus noch nicht erwiesen. Schwierigkeit, dem normalen Liebesverkehr zu huldigen, Verführung, gegenseitige Masturbation (Onanisierung), Furcht vor ansteckenden Krankheiten und Schwängerung fördern den Trieb zum eigenen Geschlecht, *doch nur wo sie auf den fruchtbaren Boden des Zwittertums fallen.* Wären alle diese namentlich von Schriftstellern der früheren Zeit als Hauptursachen angeführten Einflüsse in der That imstande, den verkehrten Geschlechtstrieb zu erzeugen, so bleibt es bei der größeren Verbreitung derartiger Schädlichkeiten unverständlich, warum sie das eine Mal diese verderbliche Wirkung entfalten und das andere Mal nicht, und weshalb nicht noch bedeutend mehr Personen homosexuell empfinden.

Die *Deutung der conträren Sexualempfindung als entwickelungsgeschichtlichen Hemmungsfehler* erklärt zur Genüge, daß es sich bei den Trägern dieser Mißbildung um sonst vollkommen normale Menschen in geistiger und körperlicher Hinsicht handeln kann, so wenig wir bei Leuten, die mit einer Hasenscharte auf die Welt kommen, sonstige Besonderheiten vorauszusetzen geneigt sind. Sehr mit Recht sagt Edward Carpenter in seiner geistvollen Schrift über die homogene Liebe und ihre Bedeutung in der freien Gesellschaft (S. 27): »*In der ungeheuren Mehrzahl der Fälle trägt die Liebe zu Personen des eigenen Geschlechts den Charakter der*

Normalität und Gesundheit, und zwar in so ausreichendem Maße, daß dadurch eine bestimmt unterschiedene Abart der Geschlechtsleidenschaft begründet wird.« Wie unter den heterosexuellen gib es unter den homosexuellen Menschen Individuen aller Art, Dummköpfe und Geistesheroen, gutmütige und starrköpfige, sympathische und unsympathische, gesunde und kranke Persönlichkeiten.

Die sich krank fühlenden gelangen natürlich in erster Linie zur Kenntnis der Ärztewelt. Wenn diese aber aus dem im Verhältnis doch nur verschwindend kleinen Material, das ihnen zu Gebote steht, den bestimmten Schluss ziehen wollen, bei conträr veranlagten Menschen sei von vorneherein die Neigung zu Nerven- und Geistesstörungen aller Art häufiger wie bei anderen, so ist das wie so viele Statistiken »un mensonge en chiffres«. Ein Wunder wäre es freilich nicht. Jeder Psychiater weiß, wie innige Wechselwirkungen zwischen der Genitalsphäre und dem gesamten Nervensystem bestehen. Es genügt, an das vielgestaltige Bild der Hysterie zu erinnern, deren Namen auf diese Thatsache (ὑστέρα die Gebärmutter) zurückzuführen ist. *Daß weiterhin die dauernde ängstliche Geheimhaltung eines angeborenen Defekts, dessen Existenz man anfangs als Sünde und Verirrung, später als Laster, Sittlichkeitsverbrechen oder Geisteskrankheit auffaßt, daß die drückenden Gewissensqualen, der ewige Kampf des willigen Geistes gegen das schwache Fleisch, daß die stete Furcht vor Entdeckung, vor Erpressern, vor Verhaftung, gerichtlicher Bestrafung, Verlust der sozialen Stellung und der Achtung seitens der Familie und der Mitmenschen, das Gemüt stark affizieren, die Nerven aufreiben muß und Neurasthenie, Melancholie, Hysterie mit Selbstmordgedanken erzeugen kann, liegt wohl auf der Hand.* Im Gegenteil, es ist erstaunlich, daß demgegenüber nicht noch mehr Menschen den Verstand verlieren.

Es würde also die conträre Sexualempfindung nicht sowohl *eine Folge* der nervösen Disposition sein, als vielmehr *der günstige Nährboden*, auf dem die Nervosität im weitesten Sinne zur Entwickelung gelangen kann. Wenn, wie bereits oben erwähnt, mit Vorliebe schadhafte Schöpfungsexemplare dieser Art in neuropathischen Familien vorkommen, so dürfen wir doch nicht *von vornherein den verkehrten Trieb als Zeichen der Degeneration auffassen, so wenig wir dies bei einer Hasenscharte thun.* Waren denn die albanischen Bergbewohner, die Scythen, die Gegen in Dalmatien, bei denen bis zur Verheiratung die Liebe zum eigenen Geschlecht Sitte und sittlich war, waren die Kelten (vergl. Aristoteles Polit. II, 7), die dorischen Griechen oder andere Naturvölker, welche die homosexuelle Liebe als selbstverständliche Erscheinung hinnahmen, degenerierter oder nervös belasteter als die moderne Kulturmenschheit im Zeitalter des Dampfs und der Nervosität?

Wie die Nervenschwäche mehr eine Folge als eine Ursache der conträren Sexualempfindung ist, so ist es mit vielen Punkten, die wir als ursächliche Momente angegeben finden. Beispielsweise ist die Erklärung Prof. Jägers, der verkehrte Trieb entstände, indem die den Urningen eigentümlichen Seelenstoffe mit dem weiblichen Seelenduft in Disharmonie stehen, wodurch der Geruch des Weibes dem Urning unsympathisch würde, eine augenscheinliche Verwechselung von Ursache und Wirkung. In der bekannten Litteraturgeschichte von Gervinius findet sich bei der Biographie Johann Joachim Winkelmanns eine Fußnote, in der der Verfasser die Ansicht ausspricht, daß bei Leuten, die sich stark in die Antike versenkten, griechische Liebe aufzutreten scheine, wie bei Winkelmann, der in Triest von einem jungen italienischen Freunde ermordet wurde, und bei Griechenmüller. Ist es nicht viel wahrscheinlicher, daß bei pervers veranlagten die Vorliebe für die Antike in ihrem erhabenen Schönheitsideal eine besonders starke ist. Werden wir behaupten, daß der Beruf der Damenkomiker, Schauspieler, Kellner, Diener, Barbiere besonders viel Urninge erzeuge, oder ist es richtiger anzunehmen, daß viele Urninge bewußt oder häufiger in einem dunklen unbewußten Drange sich zu Berufsarten hingezogen fühlen, wo sie unauffälliger oder stärker ihren diesbezüglichen Neigungen nachleben können. Auch die großen Städte bringen nicht etwa verhältnismäßig mehr homosexuelle Frauen und Männer hervor, wie die kleineren, trotzdem ja eine größere Versuchung nicht bezweifelt werden kann, vielmehr ziehen sich diese Personen vielfach zu den Weltstädten, wie die Mücken zum Sumpf, weil sie hier ihren Instinkten am bequemsten folgen können, oder weil sie hier am unauffälligsten bleiben.

Vielfach hört man Urninge behaupten, daß sie besonders viel geistig hochstehende Männer zu den ihren zählen, und Molls sorgsame Geschichte des Uranismus scheint dies zu bestätigen. Auf der Homosexuellenliste stehen u. a., ob mit Recht oder Unrecht ist schwer zu entscheiden, Alexander der Große, Julius Cäsar, Friedrich der Große, Napoleon I. So gut wie ein Genie mit einer Hasenscharte geboren werden kann, kann er auch mit der in Rede stehenden Hemmungsbildung zur Welt kommen, es kommt aber wohl hinzu, daß zwischen der nervösen und genialischen Belastung eine nahe Verwandtschaft besteht, und *conträre Personen vielfach besonders starken Ehrgeiz entwickeln.* Uns selbst gab einmal ein urnischer Patient an, daß er viele Preisarbeiten gelöst und alle Prüfungen mit Auszeichnung bestanden habe, um sich zu vergewissern, daß er nicht geisteskrank sei. Eine nicht üble, von darwinistischem Geist getragene Erklärung dafür, daß so viele berühmte Männer und Frauen conträr empfanden, giebt Prof. Gustav Jäger. Er sagt: »Was mich anfangs am meisten frappiert hat, mir aber jetzt vollständig erklärlich, ja *naturnotwendig* erscheint, ist, daß unter den Homosexuellen die merkwürdigste Sorte von Männern steckt, nämlich die, welche ich *superviril* (übermännlich) nenne.« Jäger führt dann aus, daß normalsexuelle Männer, welche Frauen lieben und ihnen gefallen möchten, viel weniger leistungsfähig, bedeutend und hervorragend zu sein brauchen, wie Männer, welche Männer lieben und sie zu fesseln und gewinnen trachten. Zumeist in Männergesellschaft ihr Leben verbringend erklimmen solche Supervirilen häufig die höchsten Stufen geistiger Entwickelung, sozialer Stellung und männlichen Könnens.

Daß die Liebe zum eigenen genau so wie die zum anderen Geschlecht zu großem befähigen kann, ist zweifellos. Von Plato bis Platen und vor und nach ihnen sind ihr in allen Sprachen begeisterte Lobeshymnen gesungen worden. Sie jedoch als eine höhere Neigung zu preisen, wie die Liebe zwischen Mann und Weib, was z. B. Richard Wagner in seinem »Kunstwerk der Zukunft« thut, schießt denn doch weit über das Ziel. Der Komponist des Lohengrin, Tannhäuser, Rienzi, Siegfried und vor allem Parzival, dessen Liebesbriefwechsel mit dem letzten Bayernkönig, dem unglücklichen homosexuellen Romantiker Ludwig II. jüngst veröffentlicht wurde, sagt: Aus der wirklichen Freude an der Schönheit, der vollkommensten menschlichen, des männlichen Leibes stammte die alles spartanische Staatswesen durchdringende und gestaltende Männerliebe her. Nachdem Wagner diese dann als »eine bei weitem höhere Neigung als die im Grunde egoistische Liebe des Mannes zum Weibe« geschildert hat, fährt er fort: »Diese Liebe, die in dem edelsten, sinnlich geistigen Genießen ihren Grund hatte – nicht unsere briefpostliche, geistesgeschäftliche, nüchterne Freundschaft – war bei den Spartanern die einzige Erzieherin der Jugend, die nie alternde Lehrerin des Jünglings und des Mannes, die Ordnerin der gemeinsamen Feste und kühnen Unternehmungen, ja die begeisterte Helferin in der Schlacht, indem sie es war, welche die Liebesgenossen zu Kriegsabteilungen und Heeresordnungen verband, und die Taktik der Todeskühnheit zur Rettung des bedrohten oder zur Rache für den gefallenen Geliebten nach unverbrüchlichsten, naturnotwendigsten Seelengesetzen vorschrieb.« Mit noch größerer Wärme schildert Richard Wagner in der »Ein Problem der griechischen Ethik« betitelten Broschüre die dorische Knabenliebe, »die sich nicht weniger fest als ein Ehebund« erwies. Sehr bemerkenswert sind in derselben Richtung die Worte, welche der beklagenswerte englische Dichter Oskar Wilde dem Richter Gill in seinem Prozeß vor dem Londoner Kriminalgericht zurief, als ihn dieser fragte, was für eine Liebe in dem Gedicht: »two Loves« gemeint wäre. »*Die Liebe*«, antwortete der unglückliche Poet, »*welche in diesem Jahrhundert nicht ihren Namen nennen darf, die große Zuneigung eines älteren Mannes zu einem jüngeren, wie sie zwischen David und Jonathan bestand, wie sie Plato zur Grundlage seiner Philosophie machte, und wie wir sie in den Sonetten Michel Angelos und Shakespeares finden, jene tiefe geistige Neigung, die ebenso rein wie vollkommen ist, und die großen Werke der Kunst eingiebt, jene Liebe, welche in unserem Jahrhundert verkannt wird, so verkannt, daß ihretwegen ich jetzt da bin, wo ich mich heute sehe. Sie ist schönheitsvoll, sie ist herrlich, sie ist die edelste Form der Zuneigung.*«

Auch die Liebe der Frau zur Frau kann so dämonisch, stürmisch und aufopferungsfähig sein, *wie es nur je die echteste Liebe* ist. Nahm doch die Dichterin Sappho sich das Leben, weil ein Weib ihre Zuneigung nicht erwiderte. Die homosexuellen Frauen – und ihre Zahl ist Legion – führen fast stets eine glückliche Ehe, die freilich im Grunde nur eine *ruhige leidenschaftslose Freundschaft* ist. Gegen Verführung gefeit, wohl die Unterhaltung, den Geist, doch nie den Leib des Mannes begehrend, *erfüllen sie in stiller Hingabe* die häuslichen Pflichten gar wohl im Sinne dessen, was der Schöpfer sprach, als er aus dem Manne das Weib schuf: »Eine Gefährtin will ich ihm machen, die um ihn sei.«

In unserer modernen Frauenbewegung steckt unbewußt ein gutes Teil Hermaphroditismus und Homosexualität. Diese mannhaft mutigen Frauen, mit den schön durchgeistigten Zügen, die man mit Vorliebe interessant zu nennen pflegt, diese Rednerinnen und Schriftstellerinnen, diese gelehrten und philosophierenden Damen mit dem ernsten Auge und der einfachen Kleidung, *welche die Ehe oft nur der Tradition willen mögen*, wie ringen sie so unermüdlich eifrig für die Rechte der Frau, wie lieben sie ihr zurückgesetztes Geschlecht, dessen Fähigkeiten verallgemeinernd gering zu achten, wie es heute so oft geschieht, eine erstaunliche Unkenntnis verrät. *Haben denn nicht Pallas Athene und Katharina die Zweite, Christine von Schweden und Sonja Kowalewska längst bewiesen, daß nicht alle Frauen Margarethen sind, so wenig alle Männer Fauste?*

Die rein biologische, nicht pathologische (krankhafte) Auffassung der Liebe zum eigenen Geschlecht, wie sie hier zum ersten Mal in einem festen Schema durchgeführt wurde, ist nicht ganz neu. Ahnungsvoll finden wir sie bereits bei Casper 1852, der die conträre Sexualempfindung als eine Art seelischen Zwittertums bezeichnet, andeutungsweise auch bei Ulrichs 1864, der von einer weiblichen Seele spricht, die im männlichen Körper eingeschlossen sei (anima mulieris in homine inclusa). Wenn die Franzosen Magnan und Gley einfach behaupten, das ganze Gehirn des Urnings sei weiblich trotz männlicher Geschlechtsorgane und umgekehrt, so fehlt hier gänzlich die anatomische Grundlage, da die Sektionen von Menschen, die zum gleichen Geschlecht empfanden, durchaus keine nachweisbare Abweichung wahrnehmen ließen. Dasselbe gilt von der Theorie des Florentiner Physiologen Mantegazza, der die sexuellen Abnormitäten auf einen fehlerhaften Verlauf des Nervus pudendus zurückführen möchte, im übrigen aber in seinen vielgelesenen Schriften eine Unkenntnis über das Wesen der Liebe zum eigenen Geschlecht verrät, die bei seiner sonstigen Polyhistorie sehr befremdlich wirkt.

Dagegen finden sich sehr deutliche Anklänge an die entwickelungsgeschichtliche Anschauung in hochinteressanten Volkssagen, welche wir bei mehreren Völkern, am meisten im alten Griechenland verbreitet finden. Danach waren ursprünglich die Menschen Doppelwesen, welche 8 Gliedmaßen, zwei Köpfe, doppelte Geschlechtsteile etc. besaßen. Damals gab es auf Erden drei Geschlechter, den Mann, das Weib, und den Androgyn, das Mannweib. Als Zeus sah, wie die Menschen an Kraft und Kühnheit zunahmen, fürchtete er ihre Übermacht und teilte sie in je 2 Hälften. Seit dieser Zeit sucht sehnend jeder, was er einst besaß, die Männer und Weiber, deren Vorfahren einst in dem Geschlecht der Androgyne vereinigt waren, erstreben ihre Wiedervereinigung und ebenso verlangen die Abkömmlinge der Doppelmänner und Doppelfrauen nach ihren Hälften. *Dieses Märchen aus uralten Zeiten ist um so interessanter, als ja in der That der Mensch – im Häckelschen Sinn als Individuum die Geschichte der Art repetierend – noch heute in einem bestimmten Stadium seiner Entwickelung ein Doppelwesen darstellt und erst allmählich Form und Wesen der stärkeren oder schwächeren Hälf-*

te annimmt. Es ist nicht unwahrscheinlich, daß den sehr alten deutschen und angelsächsischen Bezeichnungen »Ehehälfte, bessere Hälfte« eine ähnliche Volkssage und Vorstellung zu Grunde liegt. In bestimmter Weise wurde zuerst von amerikanischer Seite die Geschlechtslosigkeit der niederen Tiere und die bisexuelle Anlage der menschlichen Frucht zur Deutung der Homosexualität herangezogen und neuerdings haben auch Chevalier und Krafft-Ebing versucht, auf embryologischem Wege dieses tausendjährige Rätsel zu lösen.

III.

Alle Gelehrten die diesem Gegenstande näher getreten sind und ihre Anzahl ist seit 20 Jahren namentlich auf deutschem, französischem und englischem Sprachgebiet eine recht ansehnliche geworden, stimmen darin überein, daß es sich bei der conträren Sexualempfindung um *einen tief innerlichen konstitutionellen Naturtrieb handelt.* Was Schopenhauer vor mehreren Jahrzehnten sagte, daß die »allgemeine örtliche und zeitliche Ausbreitung der Liebe zum eigenen Geschlecht und ihre Unausrottbarkeit« ihre Natürlichkeit beweise, hat *die wissenschaftliche Forschung vollkommen bestätigen können.*

So mancher Forscher trat, wie wir selbst, an dieses Gebiet mit der Absicht heran, einen krankhaften oder gar verbrecherischen Vorgang studieren zu wollen, je tiefer er in seine Mysterien eindrang, umsomehr mußte die vorgefaßte Meinung fallen, und heute ist auch nicht *ein einziger Sachverständiger, der sich auf den Boden der deutschen Gesetzgebung zu stellen vermag.* Das hindert aber diese letztere durchaus nicht, nach wie vor die bedauernswerten Träger dieser Mißbildung, welche in alle Gesellschaftsschichten hineinreichen, mit Strafen zu bedrohen, und die Unglücklichen in Schimpf und Schande und in den Tod zu jagen, *ohne auch nur den geringsten Nutzen zu schaffen.* Will man die sinnliche Liebe zum eigenen Geschlecht bestrafen, so treffe man doch den großen Unbekannten, welcher *Schuld daran trägt*, daß Frauen und Männer in Liebe zu ihresgleichen entbrennen können – den Schöpfer. Gebessert oder abgeschreckt, oder gar geheilt ist noch niemand durch diese Strafe worden, aber schon die Voruntersuchung stürzt die Betreffenden und ihre Familien in Schande und Verderben. *Die Wissenschaft macht sich mitschuldig, wenn sie nicht unablässig die Justiz zur Gerechtigkeit anstachelt, sie darf nicht ruhen und rasten, bis sich die Gesetzgebung zur Änderung von Strafbestimmungen herbeiläßt, welche eine unnatürliche Grausamkeit gegen die Leute darstellt, welche von der Natur schon mehr als genug gestraft sind.*

Auf Unkenntnis kann sich die Rechtsprechung nicht berufen. Denn schon im Jahre 1869 trat die oberste Sanitätsbehörde in Preußen, welcher Männer wie Langenbeck und Virchow angehörten, in einem seitens der Regierung eingeforderten Gutachten dafür ein, den § 143 – jetzt § 175 – nicht beizubehalten, welcher die Unzucht zwischen Personen männlichen Geschlechts (nicht etwa nur die immisio penis in anum) mit Gefängnis und Verlust der bürgerlichen Ehrenrechte bestrafte. Sie stützte sich in erster Linie auf die Thatsache, daß die in Rede stehenden Handlungen nicht verschieden seien von Akten, welche in widerwärtiger Weise zwischen Männern und Frauen sowie gegenseitig unter Frauen vorkämen. Allein dem frömmelnden Kultusminister von Mühler gelang es »im Interesse der öffentlichen Moral« durchzusetzen, daß der alte § 143 unverändert in das neue deutsche Reichsstrafgesetzbuch übernommen wurde. Die Motivierung begnügte sich auf das »Rechtsbewusstsein im Volke« zu verweisen, welches derlei Handlungen nicht nur als Laster, sondern als Verbrechen beurteilte, ohne zu bedenken, daß eine ungerechte Rechtsprechung durch die Jahrtausende dieses Vorurteil großgezogen hatte.

Das Volk berief sich auf die Justiz und die Justiz auf das Volk. Wird denn ein Irrtum dadurch zur Wahrheit, daß er ein paar tausend Jahre alt ist? Der § 175 ist ein schwarzer Flecken auf dem Schild der deutschen Justitia, dessen sie sich einst ebenso schämen wird, wie der Hexen- und Ketzerprozesse, wo sie sich in ganz ähnlicher Weise mit den Ergebnissen der Naturwissenschaft in Widerspruch setzte. »Verbrennt nicht die Hexen«, riefen die Forscher den Richtern hunderte von Jahren zu, »*es sind keine Verbrecherinnen, es sind exaltierte, hysterische Weiber, oft solche, deren ganze Schuld darin besteht, an Geistesgaben ihre Umgebung zu überragen.*« Man wollte nicht hören, man berief sich »auf des Volkes Stimme« und unverändert umloderten die Flammen tausende unschuldiger Frauen.

Österreich übernahm den § 175, ungeachtet daß auch hier der oberste Sanitätsrat Straflosigkeit beantragt hatte, wofern die Akte von Erwachsenen mit gegenseitiger Zustimmung geübt würden. *Sehr folgerichtig* erweiterte es jedoch das Gesetz dahin, daß nicht allein der unsittliche Verkehr zwischen Personen männlichen Geschlechts, sondern überhaupt zwischen Mitgliedern des gleichen Geschlechts als strafbar angesehen werden sollte.

Wir stehen nicht an, diese drakonischen Bestimmungen im Namen der Wissenschaft und der Humanität als ein Justizverbrechen zu bezeichnen. *Nicht als eine Gnade, sondern als ihr gutes Recht* dürfen die weiblichen und männlichen Urninge beanspruchen, daß Deutschland, Österreich und England dem Beispiele Frankreichs folgt, wo sich die Aufhebung ähnlicher Gesetzesvorschriften seit fast einem Jahrhundert *glänzend* bewährt hat, nachdem noch kurz vor der großen Revolution der Kapuziner Pascal in Paris wegen mannmännlicher Liebe öffentlich hingerichtet wurde. Frankreich, sowie Italien, Holland, Belgien, Luxemburg, Bayern und Württemberg bestrafen unzüchtige Handlungen aller Art nur dann, wenn Gewalt angewendet oder der Akt an Minderjährigen sowie vor Zeugen resp. an öffentlichen Orten verübt wurde. In keinem dieser Länder hat sich eine Stimme für Wiedereinführung der alten Bestimmungen erhoben, in keinem hat sich eine epidemieartige Zunahme des conträren Verkehrs konstatieren lassen, wie es der deutsche Gesetzgeber fürchtet. So wenig ein gesetzliches Verbot verkehrte Geschlechtsneigungen unterdrücken kann, so wenig kann Straflosigkeit sie erzeugen. Es wird keinem Menschen einfallen, mit Personen desselben Geschlechts zu verkehren, weil es gestattet ist, so wenig gegenwärtig in Preußen die Frauen mehr Liebesverhältnisse anknüpfen, wie in Österreich, weil sie hier keine Strafe zu fürchten haben.

Warum bestraft denn nicht das deutsche Gesetz auch die Liebe der Frau zur Frau, einen durchaus analogen und nicht weniger verbreiteten Vorgang, doch wohl nicht gar, weil das Vorhandensein derartiger Freundschaftsbündnisse zur Zeit der Kenntnis der Gesetzgeber entgangen war, warum bestraft es nicht die widernatürlichen Bethätigungen im Verkehr von Mann und Weib, wie die Pädicatio, die Koprophagie, die so viel geübte Minette (immisio penis in os mulieris) usw., warum bestraft es nicht die so ganz besonders schädliche Selbstbefleckung mit und ohne Apparate. *Sehr mit Unrecht sagt man seit den Zeiten der griechischen Komödienschreiber, insonderheit des Aristophanes, dem mannmännlichen Verkehr besonders häßliche Liebesbethätigungen nach.* Durch sie wurde der moderne Nebensinn in das Wort Knabenliebe (Päderastie) hineingelegt, und auch die Verfasser des § 175 scheinen von der Anschauung ausgegangen zu sein, der Geschlechtsverkehr unter Männern bevorzuge derlei widerwärtige Akte, eine Voraussetzung, die von Krafft-Ebing, welchem die größte diesbezügliche Erfahrung zu Gebote steht, als vollkommen nichtig und irrig erwiesen wurde. »Nur ganz ausnahmsweise«, sagt der berühmte Wiener Psychiater, »bei tiefstehender Moralität oder bei temporär oder dauernd krankhaft gesteigertem sexuellen Drang gelangt der Conträrsexuelle zu päderastischen Akten.« *Jedenfalls sind diese und ähnliche Abscheulichkeiten der Liebe im homosexuellen Geschlechtsverkehr durchaus nicht häufiger wie im gewöhnlichen.* Der Staat handelt gar sehr gegen sein eigenes Interesse, wenn er wertvolle Bürger um derartiger Wüstlinge willen schädigt und bedroht.

Der verheiratete Mann, der die Erzieherin seiner Kinder ins Unglück stürzt, ist straffrei, straffrei ist die Gräfin, welche mit ihrer Kammerjungfer ein zärtliches Verhältnis pflegt, und der geniale Schriftsteller Oskar Wilde, der zu dem jungen Lord Alfred Douglas in schwärmerischer Liebe entbrannte, ist im Zuchthause zu Wandsworth der schimpflichsten Erniedrigung, der härtesten Mißhandlung preisgegeben. Laßt hören, was Edward Conte, der letzten Winter den Dichter besuchte, erzählt: »Er sah furchtbar aus, seine Finger schwärten und bluteten, abgemagert war er zum Skelett, seine Kinnlade hing lose herab, und in den tiefliegenden eingesunkenen Augen schien der Wahnsinn zu lauern.« *Und das um einer leidenschaftlichen Neigung willen, die er mit Sokrates, Michel Angelo und Shakespeare teilte.* Wo bleibt da die Konsequenz, wo die Gerechtigkeit am Ende unseres vielgerühmten Jahrhunderts?

Was zwischen willensfreien Menschen in geschlechtlicher Beziehung vorgeht, ist ihre eigene Sache, das mögen sie unter sich abmachen, *ein vernunftbegabtes Wesen wird von selbst unablässig seine Sinnlichkeit zu zügeln trachten.* Der Staat hat sich hier der Einmischung zu enthalten, zumal die durch Zufall oder die gemeinsten Motive schändlicher Erpresser zu seiner Kenntnis gelangenden Fälle doch nur einen ganz verschwindenden Bruchteil der täglich vorkommenden darstellen. Wie jene das Schaffot besteigende Französin können diese unglückseligen Opfer von der Anklagebank der schadenfrohen Mitwelt zurufen: »*Freut euch, Kanaillen, daß Ihr nicht erwischt seid!*«

Gewiß, wer Gewalt anwendet, sich an Minderjährigen vergreift und ein öffentliches Ärgernis giebt, verfalle dem Arme der Gerechtigkeit. Alles weitere ist vom Übel. Möge der Staat die Verhältnisse der weiblichen und männlichen Prostitution regeln, möge er das verderbliche Erpressertum, welches seine Gesetze großgezogen, bekämpfen, aber hebe er Vorschriften auf, die *nur schlechte Folgen* gezeitigt haben, durch die noch keiner von seinem Triebe befreit, wohl aber tausende von nützlichen Existenzen vernichtet wurden. Untergräbt nicht die Alkoholpest die deutsche Volkskraft in viel höherem Maße wie die conträre Sexualempfindung? Ist denn ein Rausch, dessen sich »ein braver Mann« in Deutschland nicht zu schämen braucht, den Minister von Mühler, derselbe, dem die Beibehaltung des § 175 zu verdanken ist, selbst im Studentenliede verherrlicht hat, der Gesundheit dienlicher, der Moralität entsprechender, der Strafe unwürdiger wie der verkehrte Trieb!

Der Staat soll der Verwilderung der Sitten entgegenarbeiten, aber nicht durch Paragraphen, die mit den Erfahrungen wissenschaftlicher Forschung unvereinbar sind, sondern *indem er für hygienische Aufklärung nach allen Richtungen, vor allem auch in sexueller Hinsicht sorgt. Was natürlich ist, kann nicht unmoralisch sein, sagt Friedrich Nietzsche.* Nur auf diesem Wege, indem beispielsweise schon die Selbstgesundheitspflege als Lehrgegenstand den Schulen einverleibt wird, *werden wir körperlich und geistig gesunde Männer und Frauen heranziehen in froher Jugendkraft, frischem Lebensmut und herrlicher Ursprünglichkeit.*

(Der Text folgt der Ausgabe im Verlag Max Spohr, Leipzig aus dem Jahr 1896. Alle Hervorhebungen wie im Original; dort gesperrt gedruckte Passagen werden hier in Kursivschrift wiedergegeben.)

Dino Heicker

Th. Ramien (d.i. Magnus Hirschfeld): Sappho und Sokrates Editorische Notiz

Die Veröffentlichung der Broschüre *Sappho und Sokrates* markiert eine Neuorientierung des 1868 im pommerschen Ostseebad Kolberg geborenen Arztes Magnus Hirschfeld. Nach nur zwei Jahren hatte er seine nach dem Medizinstudium aufgenommene Tätigkeit als Naturheilkundler in Magdeburg aufgegeben und war nach Charlottenburg bei Berlin übergesiedelt, wo er im Mai 1896 eine neue Praxis als praktischer sowie als Spezialarzt für Hydrotherapie eröffnete. Das Vorwort der Broschüre datierte er auf den Juli desselben Jahres; sie ist seine erste Veröffentlichung zu einem seiner Lebensthemen: der Erforschung und Entkriminalisierung von Homosexualität.

Nachdem einige Verlage das Manuskript »mit Entrüstung über solche Zumutung«[1] abgelehnt hatten, fand sich in dem Leipziger Verleger Max Spohr (1850–1905) ein freier Geist, der sich nicht nur dieses schwulenemanzipatorischen Werks annahm. Bereits drei Jahre zuvor hatte er mit *Der Urning vor Gericht* ein erstes Werk zu diesem Thema erscheinen lassen. Hirschfelds 35-seitige Broschüre war innerhalb von vier Wochen nach der Einreichung lieferbar, Preis: eine Mark. »Von da ab«, so Hirschfeld 1922/23 in seinen Erinnerungen, »nahm er [Spohr] alles, was ich verfaßte, ›unbesehen‹ an.

1) Hirschfeld 1986:51.

Stets trug er die sämtlichen, nicht unbeträchtlichen Verlagskosten selbst.«[1] 1896 riet der Verleger dem 28-jährigen Autor zu einem Pseudonym, da der Einsatz für Menschen, die von einer heteronormativen Gesellschaft als Kriminelle (§ 175 RStGB) und Kranke angesehen wurden, einem guten Ruf zum Nachteil gereichen konnte. Daher wurde *Sappho und Sokrates* unter der Autorschaft eines »Dr. med. Th. Ramien« in die Welt geschickt, der im Untertitel als »Arzt in Berlin« firmierte. Doch hatte sich Hirschfeld ausbedungen, jeder Ratsuchende, der den Verlag um einen Kontakt mit dem Autor bat, sollte seine Anschrift bekommen.

Drei »wissenschaftliche Thesen« habe er in *Sappho und Sokrates* verfechten wollen, schrieb Hirschfeld gut 26 Jahre später: 1) echte Homosexualität sei »stets angeboren«, 2) der homosexuelle Zustand stehe in Verbindung »mit der zwitterhaften Uranlage aller Lebewesen«, 3) Homosexualität sei »keine Krankheit«.[2] Auch wenn er neben anderen die von Karl Heinrich Ulrichs entwickelten Begriffe »Urninge« und »Urninginnen« benutzte (s. S. 159 u. ö.) und dessen Theorie von der weiblichen Seele im männlichen Körper aufgriff (s. S. 167), hatte Hirschfeld damals wohl noch keine der Schriften des engagierten Juristen gelesen. Vermutlich verdankte er seine Ulrichs-Kenntnisse der ab 1886 erscheinenden *Psychopathia sexualis* des seit 1889 in Wien tätigen Psychiaters Richard von Krafft-Ebing (1840–1902).[3] Erst nach 1896 vertiefte sich Hirschfeld in die Schriften von Ulrichs, die er 1898 neu herausgab, ein Jahr später ergänzt um dessen *Vier Briefe* an dessen Verwandte, die 1862 der Veröffentlichung der

1) Hirschfeld 1986:51.
2) Hirschfeld 1986:49.
3) Vgl. Herzer 2017:82.

Forschungen über das Räthsel der mannmännlichen Liebe vorangegangen waren. Ulrichs Theorien gaben Hirschfeld »zahlreiche Koordinaten für seine Lehre von den Zwischenstufen vor«.[1] Selbst den Begriff »Zwischenstufen« verdankte er einem der Briefe.[2] Dabei hatte seine Zwischenstufentheorie bereits Eingang in *Sappho und Sokrates* gefunden (s. S. 149 ff.), nur halt nicht unter diesem Namen. Dennoch liege hier, so Herzer, »die früheste, doch bereits nahezu vollständige Formulierung der Hirschfeldschen Lehre von den sexuellen Zwischenstufen« vor.[3] Programmatisch ausformuliert werden sollte diese dann 1899 im Vorwort des ebenfalls bei Spohr verlegten ersten Bandes des *Jahrbuchs für sexuelle Zwischenstufen*: »Jede körperliche und geistige Eigenschaft, die man als dem männlichen Geschlecht zukömmlich ansieht, kann ausnahmsweise bei Frauen und jede gemeinhin für weiblich gehaltene Eigentümlichkeit kann vereinzelt bei Männern auftreten. So entstehen eine ganze Reihe gesondert gearteter Individualitäten, die teils körperliche, teils seelische, zum Teil körperliche und seelische Merkmale des anderen Geschlechts aufweisen. Der Erforschung und Erkenntnis dieser Zwischenstufen, dieser Zwitter in des Wortes weitgehendster Bedeutung ist dieses Jahrbuch in erster Linie gewidmet.«[4] Diese für Hirschfeld zentrale Denkfigur war gedacht als eine schier unendliche Abfolge zwischen dem theoretisch aufzufassenden »vollen Mann« beziehungsweise der »vollen Frau« (s. S. 159). In einer 1910 vorgenommenen Kalkulation kam Hirschfeld auf 43.046.721 Zwischen-

1) Herrn 2022:31.
2) Ulrichs 1899:46.
3) Herzer 2017:51.
4) Hirschfeld 1899:1.

stufen.[1] Konsequent zu Ende gedacht, bestand der Clou seiner Berechnung eben darin, dass jedes Individuum seine eigene, ganz besondere sexuell-geschlechtliche Entität darstellt, denn jeder Mensch sei »ein Produkt von Anlage und Lage, Abstammung und Umwelt«.[2]

Zwei Jahre nachdem die Broschüre in Leipzig erschienen war, wurde sie in Russland verboten.[3] Um diese Zeit lüftete Hirschfeld in Kürschners Literatur Kalender seine Maske und bekannte sich offiziell zur Autorschaft von *Sappho und Sokrates*[4], während im *Jahrbuch für sexuelle Zwischenstufen* eine Fußnote in der *Bibliographie der Homosexualität für das Jahr 1899* verkündete, dass »Hirschfeld übrigens schon 1896 unter dem Pseudonym Th. Ramien« die Schrift *Sappho und Sokrates* habe erscheinen lassen[5].

Im Jahr 1902 erlebte das Werk seine zweite Auflage im Spohr-Verlag, jetzt versehen mit dem Klarnamen des Autors und dessen Anschrift (»Charlottenburg, Berlinerstr. 104«) sowie dem Vermerk: »1. Auflage unter dem Pseudonym Th. Ramien«. Im *Jahrbuch* von 1903 findet sich eine der wenigen Besprechungen: »Hirschfelds Broschüre enthält eine klare, richtige und trotz des geringen Umfangs der Schrift in den Hauptpunkten erschöpfende Darstellung des Wesens der Homosexualität und der sich hieraus für die allgemeine Anschauung und den Gesetzgeber ergebenden Konsequen-

1) Hirschfeld 1910:290.

2) Hirschfeld 1919:304.

3) Börsenblatt 1898:6922.

4) Vgl. Kürschner 1898:576 mit der falschen Angabe, die Broschüre sei 1897 erschienen, und der Schreibweise »Pamien« anstelle von Ramien.

5) Praetorius 1900:354.

zen. Das objektive, vorurteilslos und mit tiefer Sachkunde geschriebene Werkchen muß jedem unbefangenen Leser die Überzeugung aufdrängen, daß hier nicht ein Theoretiker auf Grund abstrakter Deduktionen, sondern ein mitten im Leben stehender Arzt dank eigener Beobachtung der Wirklichkeit zu seinen Schlüssen gelangt ist und daß hier tatsächlich das wahre Wesen einer heute immer noch sogar von manchen ›Gelehrten‹ verkannten Erscheinung enthüllt wird.«[1] Auch diese Ausgabe erregte die Aufmerksamkeit russischer Zensoren, denn 1904 führte das *Börsenblatt für den Deutschen Buchhandel* sie als eines der in Russland verbotenen deutschen Bücher auf, fünf Jahre später waren die erste und die zweite Ausgabe dort jedoch »von neuem durchgesehene und erlaubte Bücher«.[2]

Eine dritte, verbesserte und letzte Auflage erlebte das Werk 1922, jetzt unter dem Vorwort ergänzt um die Angabe »Institut für Sexualwissenschaft«, das drei Jahre zuvor in Berlin-Tiergarten gegründet worden war. Stolz (und ein wenig pathetisch) meinte Hirschfeld damals, diese »kleine, unscheinbare Schrift« habe »recht eigentlich den Anstoß« gebildet, »der die von Jahr zu Jahr anschwellende Lawine in Bewegung setzte«.[3]

Doch nicht nur Gleichgesinnte hatte die Broschüre auf den jüdischen Wissenschaftler Hirschfeld aufmerksam

1) Praetorius 1903:981 f. Lehmstedt schreibt diesbezüglich, eine »durch Rezensionen oder andere schriftliche Äußerungen belegbare Wirkung läßt sich für *Sappho und Sokrates* kaum nachweisen.« Lehmstedt 2002:68.

2) Börsenblatt 1904:88 u. Börsenblatt 1909:9959.

3) Hirschfeld 1986:48. Andernorts spricht er im selben Zusammenhang von einem ins Wasser geworfenen Stein, dessen Wellen Kreise gezogen hätten. Vgl. Hirschfeld 1935:xii.

gemacht. Noch zwei Jahre nachdem er 1935 im Exil in Nizza verstorben war, wurde er gemeinsam mit anderen jüdischen Fachkollegen in der nationalsozialistischen Hetzschrift *Der Jude als Verbrecher* verunglimpft, wobei auch sein Erstlingswerk Erwähnung fand: »Was früher im geheimen als Pornographie verkauft wurde, lag jetzt [in der Weimarer Republik] offen auf dem Ladentisch. ›Sexual-Buchhandlungen‹ entstanden, ›aufklärende‹ Vorträge wurden gehalten, besondere ›Institute‹ gegründet – alles das unter der Marke ›Wissenschaft‹. Und wer waren die ›Sexualwissenschaftler‹? Ausschließlich Juden – Hirschfeld, Bloch, Kronfeld, Abraham, Seelig, Schidlof, Levy-Lenz, Eulenburg, Cohen, Rabinowitsch, Hodann. [...] Das waren die Autoren. Und ihre Werke? Hier einige Titel: Die Perversen, Die Prostitution, Berlins drittes Geschlecht, Künstliche Verjüngung, Sappho und Sokrates, Empfängnisverhütung, Geschlechtsübergänge, Liebesmittel.«[1] In einem derartigen politischen Klima war eine Fortführung schwulenemanzipatorischer Arbeit im Stile Hirschfelds undenkbar.

Literatur

Börsenblatt für den Deutschen Buchhandel, Nr. 220 (22. September 1898).

Börsenblatt für den Deutschen Buchhandel, Nr. 2 (4. Januar 1904).

Börsenblatt für den Deutschen Buchhandel, Nr. 203 (2. September 1909).

1) Keller u. Andersen 1937:146. Im nicht paginierten Bildanhang wird Hirschfelds Porträtfoto unter die Rubrik »XIII. Sexual-Juden« eingereiht und er in der Bildlegende als »›Vater‹ der Homosexualität in Deutschland« bezeichnet.

Herrn, Rainer 2022: Der Liebe und dem Leid. Das Institut für Sexualwissenschaft 1919–1933. Berlin.

Herzer, Manfred 2017: Magnus Hirschfeld und seine Zeit. Berlin u. Boston.

Hirschfeld, Magnus u. a. 1899: Vorwort, in: Jahrbuch für sexuelle Zwischenstufen unter besonderer Berücksichtigung der Homosexualität, Bd. 1, S. 1–3.

Hirschfeld, Magnus 1910: Die Transvestiten. Eine Untersuchung über den erotischen Verkleidungstrieb. Berlin.

Hirschfeld, Magnus 1919: Vom Wesen der menschlichen Persönlichkeit, in: Hundert Jahre A. Marcus und E. Webers Verlag 1818–1918. Bonn, S. 304–307.

Hirschfeld, Magnus 1935: Sex in Human Relationships. London.

Hirschfeld, Magnus 1986: Von einst bis jetzt. Geschichte einer homosexuellen Bewegung 1897–1922. Hg. v. Manfred Herzer u. James Steakley, Berlin.

Keller, J. u. Andersen, Hanns 1937: Der Jude als Verbrecher. Berlin u. Leipzig.

Kürschner, Joseph (Hg.) o. J. [1898]: Deutscher Literatur Kalender auf das Jahr 1899. 21. Jg. Leipzig.

Lehmstedt, Mark 2002: Bücher für das »dritte Geschlecht«. Der Max Spohr Verlag in Leipzig (1881-1951). Verlagsgeschichte und Bibliographie. Wiesbaden 2002 (= Schriften und Zeugnisse zur Buchgeschichte, 14).

Praetorius, Numa (d. i. Eugen Wilhelm) 1900: Die Bibliographie der Homosexualität für das Jahr 1899, sowie Nachtrag zu der Bibliographie des ersten Jahrbuchs, in: Jahrbuch für sexuelle Zwischenstufen, Jg. 2, S. 345–404.

Praetorius, Numa (d. i. Eugen Wilhelm) 1903: Bibliographie der Homosexualität, in: Jahrbuch für sexuelle Zwischenstufen, Jg. 5, S. 942–1155.

Ulrichs, Karl Heinrich 1899: Vier Briefe an seine Verwandten, in: Jahrbuch für sexuelle Zwischenstufen unter besonderer Berücksichtigung der Homosexualität, Bd. 1, S. 36–70.

Biografische Angaben zu den Autoren dieses Bandes

Jens Dobler, geb. 1965, gest. 2024; Studium der Erziehungswissenschaften, Psychologie und Neueren Geschichte, Promotion über die Homosexuellenverfolgung durch die Berliner Polizei zwischen 1848 und 1933. Von 2010 bis 2015 Archiv- und Bibliotheksleiter des Schwulen Museums, von 2015 bis 2022 Leiter der Polizeihistorischen Sammlung im Polizeipräsidium Berlin. Seit Oktober 2022 führte er für die Magnus-Hirschfeld-Gesellschaft das Forschungsprojekt *Die Plünderung des Instituts für Sexualwissenschaft von Magnus Hirschfeld in der NS-Zeit* durch.

Kevin Junk, geb. 1989 als Kind einer Arbeiterfamilie, schreibt Lyrik, Romane und Essays. Zuletzt erschienen der Roman *Saturns Sommer* und der Gedichtband *RE: re: AW: Liebe.* Journalistisch schreibt Kevin für unterschiedliche Medien über Gesellschaft und Kultur, unter anderem *Berliner Zeitung* und *Buchkultur.* Kevin lebt und arbeitet mit seinem Hund Apollon in Berlin.

Dino Heicker, geb. 1965, Literaturhistoriker und Verlagslektor in Berlin. 2002 Promotion mit der Dissertation *Gespenster und Geschlechter. Homoerotik in der europäischen Schauerliteratur.* Seit 2005 wissenschaftlicher Mitarbeiter bei verschiedenen queeren Ausstellungs- und Forschungsprojekten, von 2016-2019 Research Consultant für das britische National Holocaust Centre. Veröffentlichungen über Francis Bacon, Édouard Manet und Wols sowie über Hermann von Pückler-Muskau und Peter Joseph Lenné. Herausgeber des Briefwechsels von Paul Cézanne und Émile Zola.

Rüdiger Lautmann, geb. 1935, war Professor für Soziologie an der Universität Bremen. Sein Band *Seminar: Gesellschaft und Homosexualität* (1977) gehört auch heute noch zu den Standardwerken der sozialwissenschaftlichen Homosexualitätsforschung. Herausgeber von *Homosexualität. Handbuch der Theorie- und Forschungsgeschichte* (1993) und Mitherausgeber von *Was ist Homosexualität? Forschungsgeschichte, gesellschaftliche Entwicklungen und Perspektiven* (2014). Derzeitiger Arbeitsschwerpunkt ist die Rechtssoziologie.

Douglas Pretsell, geb. 1967, ist ein schottisch-australischer Historiker an der La Trobe University in Melbourne, Australien. Promotion zum Thema *Urning: Queer Identity in the German Nineteenth Century* (2024). Weitere Veröffentlichungen: *The Correspondence of Karl Heinrich Ulrichs, 1846-1894* (2020) und *Queer Voices in the Works of Richard von Krafft-Ebing, 1883-1901* (2023). Er wird in Kürze an die Keele University in England wechseln.

Axel Schock, geb. 1965, lebt in Berlin und ist als Kulturjournalist, Autor, Filmkurator und Organisator von Film- und Literaturveranstaltungen (wie dem internationalen Poesiefestival Berlin) tätig. Diverse Buchveröffentlichungen als Autor und Herausgeber u.a. zu queeren Themen, darunter *Die Bibliothek von Sodom. Das Buch der schwulen Bücher* (1997), *Out im Kino: Das lesbisch-schwule Filmlexikon* (2003, mit Manuela Kay) und *Schwule Orte. 150 berühmt-berüchtigte Schauplätze* (2007).

Heinz-Jürgen Voß, geb. 1979, promovierte zur gesellschaftlichen Herstellung biologischen Geschlechts. Seit 2014 Professor für Sexualwissenschaft und sexuelle Bildung am Fachbereich Soziale Arbeit – Medien – Kultur an der Hochschule Merseburg und dort zudem Prorektor*in für Studium und Lehre. Seine letzte Veröffentlichung ist das Lehrbuch *Einführung in die Sexualpädagogik und Sexuelle Bildung: Basisbuch für Studium und Weiterbildung* (2022). Informationen und Kontakt: www.heinzjuergenvoss.de.

Über Karl Heinrich Ulrichs in der Bibliothek rosa Winkel

Karl Heinrich Ulrichs
Leben und Werk | BrW 27

von Hubert Kennedy
ISBN 978-3-935596-27-5 | 414 Seiten

Karl Heinrich Ulrichs war der erste, der eine Theorie der Homosexualität entwickelte und in seinen Forschungen vertrat. Er nahm vorweg, was die spätere Emanzipationsbewegung der Homosexuellen ausmachen sollte.

Karl Heinrich Ulrichs
Der erste Schwule der Weltgeschicht

von Volkmar Sigusch
BrW 21
ISBN 978-3-86149-105-7 | 126 Seiten

Aus Anlass des 175. Geburtstags von Karl Heinrich Ulrichs würdigte der damalige Direktor des Instituts für Sexualwissenschaft der Universität Frankfurt, Volkmar Sigusch, den Vorkämpfer der Homosexuellenemanzipation in einem instruktiven Essay. Sigusch bezeichnet Ulrichs als den «ersten Schwulen der Weltgeschichte» und meint damit im Unterschied zum «Homosexuellen» einen Mann, der selbstverständlich und öffentlich mit seiner sexuellen Orientierung umgeht und für seine Rechte eintritt.

Karl Heinrich Ulrichs in der Bibliothek rosa Winkel

FORSCHUNGEN ÜBER DAS RÄTHSEL DER MANNMÄNNLICHEN LIEBE
Vier Bände
BrW 7–10

Hrsg. von Hubert Kennedy

ISBN 978-3-86149-025-8
1317 S.

Karl-Heinrich Ulrichs (1825 – 1895) wurde von Volkmar Sigusch als der «erste Schwule der Weltgeschichte» bezeichnet. Nach Heinrich Hössli und vor Magnus Hischfeld vefasste er ein umfangreiches Werk und trat auch öffentlich – beispielsweise 1867 vor dem Deutschen Juristentag in München – für die Rechte der Homosexuellen ein.

Ulrichs veröffentlichte seine «Forschungen» in zwölf Schriften zwischen 1864 und 1879. Die Neuausgabe, ergänzt um Ulrichs' Briefe an seine Verwandten von 1862 und die Fragment gebliebene Schrift «Der Urning und sein Rechte», wird durch Vorworte, Hinweise und Erläuterungen sowie ein Gesamtregister erschlossen.

Karl Heinrich Ulrichs
in der Bibliothek rosa Winkel

Matrosengeschichten und Gedichte

Ein Lesebuch | BrW 18

Hrsg. von Wolfram Setz
ISBN 978-3-86149-070-8 | 160 S.

Ulrichs besingt die mannmännliche Liebe ebenso wie seine Heimat Ostfriesland, kommentiert Orte, Menschen, Ereignisse und spielt mit verschiedenen literarischen Formen.

Auf Bienchens Flügeln

Ein Flug um den Erdball in Epigrammen und poetischen Bildern | BrW 73

Hrsg. von Wolfram Setz
ISBN 978-3-86300-073-8 | 224 S.

Stätten der Kindheit und der Alltag in Stuttgart, mythologische, historische und erwanderte Orte, Gelesenes und Beobachtetes, Zeitgeschehen und Politik, Tiere und Pflanzen — alles bot Ulrichs Stoff für Epigramme im klassischen Versmaß oder gar kleine Epen, die er mit zum Teil überreichen Erläuterungen versah. Die Verse und erläuternden Hinweise verraten viel über seine Interessen, Liebhabereien und seine politische Einstellung.

Die meisten Gedichte entstanden 1873/74 in Stuttgart.